Cómo mejorar la concentración y la atención durante el estudio

Mr. Haddock

Cómo Mejorar la Concentración y la Atención Durante el Estudio

Mr. Haddock

Published by Mr. Haddock, 2024.

CÓMO MEJORAR LA CONCENTRACIÓN Y LA ATENCIÓN DURANTE EL ESTUDIO

First edition. September 9, 2024.

Copyright © 2024 Mr. Haddock.

ISBN: 979-8224532063

Written by Mr. Haddock.

Also by Mr. Haddock

Mejorando Tu Habilidad Para Hablar En Público
Descubre TU Valor: Consejos para Fortalecer TU Autoestima
Superando la Depresión: Estrategias para Recuperar el Bienestar
Manejando el Torbellino Emocional: Consejos para AdOleSceNteS
Cómo Mejorar la Concentración y la Atención Durante el Estudio

DEDICATORIA

A mi yo adolescente,
que tantas veces se sintió perdido en un mar de incertidumbres,
que se preguntó si las dudas y los miedos alguna vez desaparecerían.
Este eBook es para ti,
para el joven rebelde que luchaba en silencio,
que soñaba con encontrar respuestas,
y que buscaba un faro en medio de la tormenta.
Ojalá hubiera tenido estas páginas para guiarme,
para recordarme que no estaba solo,
y que cada obstáculo era solo un peldaño hacia algo mejor.
Hoy, con este libro, te ofrezco la brújula que me faltó,
esperando que ilumine el camino de quienes, como tú,
necesitan un poco de luz en su propia travesía.

CONTENIDO

AGRADECIMIENTOS

Este libro está dedicado a todos los adolescentes que se sienten abrumados por los desafíos de la vida, a aquellos que buscan respuestas y que están tratando de encontrar su camino en medio de la confusión. También va dirigido a los padres, madres y tutores que, con dedicación y amor, se esfuerzan por guiar a sus jóvenes en esta etapa tan compleja. Si estos consejos pueden servirte de apoyo, si logran hacerte sentir más seguro, más capaz y mejor preparado para enfrentar los baches de la adolescencia, entonces mi labor habrá valido la pena. Gracias por permitirme ser parte de tu viaje.

Inicio Rebelde

¡Hola a todos! Soy Mr. Haddock y bienvenidos a este nuevo viaje lleno de descubrimientos y estrategias para enfrentar una de las etapas más complejas pero emocionantes de la vida: ¡la adolescencia! Si estás leyendo esto, es porque probablemente estás buscando respuestas, tips o, simplemente, un poco de motivación para navegar por los desafíos que se presentan en tu camino. Bueno, ¡has llegado al lugar correcto!

¿Por Qué Este Libro?

La adolescencia es una etapa en la que todo parece estar en constante cambio. Desde los estudios hasta las relaciones personales, pasando por la autoimagen y las expectativas futuras, puede parecer que no hay un respiro. Y si estás aquí, es probable que también estés lidiando con la dificultad de mantener la concentración y la atención durante el estudio. ¡No estás solo! Esta es una preocupación que afecta a muchos adolescentes y jóvenes adultos, así como a sus padres y tutores.

En mi blog "Rebeldes Conecta2", me he dedicado a ofrecer apoyo a adolescentes que buscan maneras de superar los retos propios de esta etapa. Hoy, en este artículo de inicio para nuestro libro, quiero darte una visión general de lo que puedes esperar. Vamos a explorar cómo mejorar tu concentración y atención durante el estudio, un tema crucial para que puedas alcanzar tus metas académicas y personales.

¿Qué Hay en Este Libro?

En "Cómo mejorar la concentración y la atención durante el estudio", no solo te hablaré de técnicas generales, sino que también abordaremos temas específicos que te ayudarán a adaptar estas estrategias a tu situación particular. Aquí te dejo un pequeño resumen de lo que encontrarás en cada capítulo:

Capítulo 1: Introducción a la Concentración y Atención en el Estudio

Vamos a comenzar desde el principio, entendiendo qué significa concentración y atención. Te explicaré por qué son tan importantes y cómo afectan tu rendimiento académico. Si alguna vez te has preguntado por qué te cuesta mantenerte enfocado durante las clases o al estudiar para un examen, este capítulo es para ti.

Capítulo 2: Reconociendo y Entendiendo el TDAH

El TDAH (Trastorno por Déficit de Atención e Hiperactividad) es una condición que afecta a muchos jóvenes y adultos. En este capítulo, profundizaremos en los síntomas del TDAH y cómo puede influir en tu capacidad para concentrarte. Además, te daré algunas ideas sobre cómo identificarlo y buscar ayuda si lo necesitas.

Capítulo 3: Técnicas de Concentración para Estudiantes Universitarios

Si estás en la universidad, este capítulo es tu guía. Hablaremos sobre técnicas de estudio efectivas adaptadas a diferentes carreras, desde ingeniería hasta administración de empresas. Aprenderás cómo crear un entorno de estudio que maximice tu concentración.

Capítulo 4: Estrategias de Estudio para Diferentes Áreas del Conocimiento

No todos los estudios son iguales, y las técnicas de estudio también deben variar. Aquí encontrarás estrategias adaptadas a diferentes disciplinas, como ingeniería civil, arquitectura, y más. Si estás en un posgrado o maestría, también tenemos algo especial para ti.

Capítulo 5: Cómo Manejar la Atención en Ambientes Virtuales y Universidades Online

¿Estás tomando cursos en línea o en una universidad virtual? ¡Este capítulo es clave para ti! Abordaremos los desafíos únicos de estudiar en un entorno digital y te ofreceremos herramientas para mantenerte enfocado y motivado.

Capítulo 6: El Rol de la Psicología en la Mejora de la Atención

La mente juega un papel crucial en la concentración. Aquí exploraremos cómo el estrés, la ansiedad y otras emociones pueden afectar tu capacidad para concentrarte, y te proporcionaremos técnicas psicológicas para mejorar tu atención.

Capítulo 7: Preparación Física y Mental para el Estudio

No solo tu mente necesita estar en forma, también tu cuerpo. Discutiremos la importancia del sueño, la alimentación y el ejercicio en la concentración. Descubrirás cómo un estilo de vida saludable puede hacer maravillas en tu capacidad para enfocarte.

Capítulo 8: Apoyo Familiar y Educativo en la Mejora de la Concentración

Este capítulo está dirigido tanto a ti como a tus padres y tutores. Veremos cómo ellos pueden apoyarte en tu camino hacia una mejor concentración y cómo crear un entorno familiar y educativo que favorezca tu éxito.

Capítulo 9: Casos de Estudio y Experiencias Reales

Nada mejor que aprender de los demás. Aquí compartiré casos de estudio y testimonios de personas que han logrado superar sus desafíos de concentración. Sus historias te inspirarán y te darán ideas prácticas para aplicar en tu vida.

¿Por Qué Es Importante Mejorar la Concentración?

Mantenerse concentrado no es solo una cuestión de sacar buenas notas; es fundamental para el éxito en cualquier aspecto de la vida. La capacidad de concentrarse te ayudará a alcanzar tus metas, a gestionar el tiempo de manera efectiva, y a tomar decisiones más informadas. Además, aprender a concentrarte también puede mejorar tu bienestar general, reduciendo el estrés y aumentando tu confianza.

Consejos Rápidos para Empezar

Antes de sumergirte en los capítulos, aquí tienes algunos consejos rápidos que puedes comenzar a aplicar hoy mismo:

Crea un Espacio de Estudio Ideal: Encuentra un lugar tranquilo y ordenado para estudiar. Asegúrate de que esté bien iluminado y libre de distracciones.

Establece Metas Claras: Define objetivos específicos para cada sesión de estudio. Esto te ayudará a mantenerte enfocado y motivado.

Usa Técnicas de Gestión del Tiempo: La técnica Pomodoro, que consiste en estudiar durante 25 minutos y luego tomar un breve descanso, es muy efectiva para mantener la concentración.

Mantén una Rutina Saludable: No subestimes el poder del sueño, la nutrición y el ejercicio en tu capacidad para concentrarte.

Busca Apoyo Cuando lo Necesites: Habla con tus padres, tutores o incluso con un profesional si sientes que necesitas ayuda adicional.

¡Comencemos!

Este libro es más que solo una guía; es tu compañero en el viaje hacia una mejor concentración y atención. Estoy aquí para ayudarte a superar los obstáculos y a descubrir nuevas formas de alcanzar tus metas. Prepárate para desafiar tus límites y para desbloquear tu verdadero potencial.

Así que, ¡vamos a hacerlo! Lee cada capítulo con una mente abierta y una actitud positiva. Recuerda, mejorar la concentración es un proceso continuo y cada pequeño paso cuenta. Estás a punto de emprender una aventura que no solo mejorará tu vida académica, sino también tu bienestar general.

¡Bienvenido a "Cómo mejorar la concentración y la atención durante el estudio"! ¡Vamos a hacer de esta experiencia algo realmente rebelde y transformador!

Si tienes alguna pregunta o simplemente quieres compartir tus pensamientos, no dudes en visitar mi blog en rebeldesconecta2.com. Estoy aquí para apoyarte en cada paso del camino. ¡Hablemos pronto!

Capítulo 1

Introducción a la Concentración y Atención en el Estudio

¿Alguna vez te has sentido atrapado en un mar de distracciones mientras intentas estudiar?

Imagina esto: estás en tu habitación, libros abiertos, notas por todas partes, pero tu mente no puede dejar de divagar. ¿Te suena familiar? Quizás estás pensando en la última serie que viste o en lo que harás este fin de semana. Si esto te pasa, no estás solo. La falta de concentración es un desafío común, especialmente cuando se trata de estudiar.

En este primer capítulo, vamos a desentrañar los misterios de la concentración y la atención. ¿Qué son? ¿Por qué son tan importantes? Y, lo más crucial, ¿cómo puedes mejorar estas habilidades para que tu tiempo de estudio sea más efectivo y menos frustrante? Prepárate para descubrir respuestas a estas preguntas y para obtener herramientas prácticas que te ayudarán a maximizar tu rendimiento académico.

¿Qué es la Concentración y la Atención?

Antes de sumergirnos en cómo mejorar la concentración, es importante entender qué es realmente. A continuación, desglosaremos estos conceptos para que puedas tener una visión clara.

La Atención: El Foco de tu Mente

La atención es la capacidad de enfocar tu mente en una tarea específica y mantener ese enfoque durante un período de tiempo. Es como una linterna que ilumina solo una parte del entorno, permitiéndote concentrarte en lo que estás haciendo. Sin atención, tu mente se dispersa, y es fácil perderse en pensamientos irrelevantes.

Tipos de Atención:

1. **Atención Selectiva**: Es la capacidad de enfocarse en una tarea específica, ignorando distracciones. Por ejemplo, concentrarte en un libro mientras tu amigo está hablando en el fondo.

2. **Atención Sostenida**: Es la habilidad de mantener la atención durante un período prolongado. Esto es crucial durante una sesión de estudio o cuando trabajas en un proyecto a largo plazo.

3. **Atención Dividida**: Es la capacidad de realizar varias tareas al mismo tiempo. Aunque esto puede parecer útil, en realidad puede disminuir la eficiencia en cada tarea. En lugar de hacer multitarea, es mejor concentrarse en una tarea a la vez.

La Concentración: El Poder de la Atención Sostenida

La concentración es una forma de atención que implica un enfoque profundo y prolongado en una tarea o actividad. A diferencia de la atención, que puede ser más general, la concentración requiere un esfuerzo activo para mantener el foco.

Aspectos Clave de la Concentración:

1. **Intensidad**: Cuanto más intensa sea tu concentración, más efectivo será tu estudio. Esto significa eliminar distracciones y crear un entorno que favorezca la inmersión en la tarea.

2. **Persistencia**: La capacidad de mantener la concentración durante largos períodos de tiempo. Esto requiere práctica y paciencia, ya que tu mente puede vagar naturalmente.

3. **Direccionalidad**: Enfocar tus recursos mentales hacia un

objetivo específico. Esto implica establecer metas claras y trabajar hacia ellas sin desviaciones.

¿Por Qué Es Importante la Concentración y la Atención?

Ahora que entendemos qué son la concentración y la atención, veamos por qué son tan cruciales para el éxito académico y personal.

Impacto en el Rendimiento Académico

La concentración y la atención son fundamentales para el rendimiento académico. Si te resulta difícil mantenerte enfocado en tus estudios, es probable que tus calificaciones y comprensión del material se vean afectadas. Aquí están algunas maneras en las que una buena concentración puede influir en tu éxito académico:

1. **Mejora de la Comprensión**: Cuando estás concentrado, comprendes mejor el material. La atención sostenida te permite captar detalles importantes y retener la información de manera más efectiva.
2. **Eficiencia en el Estudio**: Una buena concentración reduce el tiempo que necesitas para estudiar. Al eliminar distracciones y mantenerte enfocado, puedes hacer más en menos tiempo.
3. **Reducción de Errores**: Con un enfoque profundo, es menos probable que cometas errores en tus tareas y exámenes. La atención detallada te ayuda a detectar errores antes de que se conviertan en problemas.

Beneficios en la Vida Diaria

La capacidad de concentrarse no solo afecta tus estudios, sino también tu vida cotidiana. Aquí te mostramos algunos beneficios clave:

1. **Gestión del Tiempo**: La concentración te ayuda a utilizar tu tiempo de manera más efectiva. Al enfocarte en una tarea a la vez, puedes completar tus responsabilidades más rápidamente y con mayor calidad.
2. **Mejora de Habilidades de Resolución de Problemas**: Una mente concentrada es más capaz de resolver problemas de manera creativa y efectiva. Esto es útil en cualquier área de tu vida, desde el trabajo hasta las relaciones personales.
3. **Reducción del Estrés**: Cuando puedes concentrarte en tus tareas, te sientes más en control y menos abrumado. Esto puede llevar a una reducción del estrés y una mayor sensación de logro.

¿Cómo Mejorar la Concentración y la Atención?

Ahora que hemos establecido la importancia de la concentración y la atención, vamos a explorar cómo puedes mejorar estas habilidades. Aquí te presento algunas estrategias y técnicas efectivas para ayudarte a mantenerte enfocado durante tus estudios.

Crear un Entorno de Estudio Ideal

Tu entorno de estudio juega un papel crucial en tu capacidad para concentrarte. Aquí hay algunas recomendaciones para crear un espacio de estudio que favorezca la concentración:

1. **Encuentra un Lugar Tranquilo**: Busca un lugar donde puedas estudiar sin interrupciones. Esto puede ser una habitación en tu casa, una biblioteca, o cualquier otro lugar donde te sientas cómodo y libre de distracciones.
2. **Organiza tu Espacio**: Mantén tu área de estudio limpia y organizada. Un espacio ordenado puede ayudarte a mantenerte enfocado y evitar distracciones innecesarias.

3. **Elimina Distracciones**: Apaga el teléfono, cierra las redes sociales, y minimiza cualquier fuente de distracción. Si es posible, utiliza aplicaciones que bloqueen sitios web y notificaciones mientras estudias.

Establecer Metas Claras

Las metas claras te ayudan a mantener el enfoque y a medir tu progreso. Aquí te explico cómo establecer metas efectivas:

1. **Define Objetivos Específicos**: En lugar de simplemente decir "quiero estudiar más", establece metas concretas como "quiero terminar el capítulo 3 de mi libro de texto hoy". Esto te da una dirección clara y un objetivo específico.
2. **Divide las Tareas en Pasos Más Pequeños**: Si tienes un proyecto grande, divídelo en tareas más pequeñas y manejables. Esto hace que el trabajo sea menos abrumador y te permite concentrarte en una tarea a la vez.
3. **Establece Plazos Realistas**: Asigna plazos a tus metas para mantenerte en el camino. Los plazos ayudan a crear un sentido de urgencia y te motivan a completar las tareas a tiempo.

Utilizar Técnicas de Gestión del Tiempo

La gestión efectiva del tiempo es esencial para mantener la concentración. Aquí hay algunas técnicas que puedes probar:

1. **Técnica Pomodoro**: Trabaja en bloques de tiempo de 25 minutos, seguidos de un breve descanso de 5 minutos. Después de cuatro bloques, toma un descanso más largo de 15-30 minutos. Esta técnica ayuda a mantener el enfoque y a

prevenir la fatiga.

2. **Método de Estudio en Intervalos**: Alterna entre diferentes temas o tipos de estudio para evitar el agotamiento. Por ejemplo, estudia matemáticas durante 30 minutos, luego cambia a lectura durante 30 minutos.

3. **Prioriza las Tareas**: Utiliza una lista de tareas y clasifica las tareas según su importancia y urgencia. Comienza con las tareas más importantes para asegurarte de que se completen a tiempo.

Desarrollar Habilidades de Auto-Regulación

La auto-regulación es la capacidad de controlar tus pensamientos y comportamientos para alcanzar tus objetivos. Aquí tienes algunas formas de mejorar esta habilidad:

1. **Practica la Atención Plena**: La meditación y la atención plena te ayudan a entrenar tu mente para mantener el enfoque. Dedica unos minutos cada día a practicar la meditación o la respiración consciente.

2. **Reconoce y Maneja las Distracciones**: Identifica las cosas que te distraen y encuentra maneras de manejarlas. Por ejemplo, si te distrae el ruido, considera usar tapones para los oídos o escuchar música suave.

3. **Establece Rutinas de Estudio**: Desarrolla una rutina de estudio regular para que tu mente se acostumbre a concentrarse en ciertos momentos del día. Esto puede ayudar a crear un hábito y mejorar tu capacidad de concentración.

Desafíos Comunes y Cómo Superarlos

A pesar de tus mejores esfuerzos, es posible que enfrentes algunos desafíos al tratar de mejorar tu concentración. Aquí te presento algunos problemas comunes y cómo puedes superarlos:

Distracciones Internas

Las distracciones internas, como pensamientos intrusivos o preocupaciones, pueden dificultar la concentración. Para manejar estas distracciones:

1. **Escribe tus Pensamientos**: Si te encuentras pensando en cosas que no tienen nada que ver con tu estudio, anótalas en un cuaderno. Esto te ayudará a despejar tu mente y a volver al enfoque.
2. **Utiliza Técnicas de Relajación**: Practica técnicas de relajación, como la respiración profunda o la visualización, para calmar tu mente y reducir la ansiedad.

Fatiga Mental

La fatiga mental puede reducir tu capacidad para concentrarte. Para combatir esto:

1. **Descansa Adecuadamente**: Asegúrate de tomar descansos regulares durante tus sesiones de estudio. Esto ayudará a mantener tu mente fresca y enfocada.
2. **Duerme lo Suficiente**: El sueño es esencial para el funcionamiento cognitivo. Intenta mantener una rutina de sueño regular y asegúrate de dormir lo suficiente cada noche.

Falta de Motivación

La falta de motivación puede hacer que sea difícil concentrarse en el estudio. Para aumentar tu motivación:

1. **Encuentra Tu Propósito**: Reflexiona sobre por qué es importante para ti el estudio y cómo te ayudará a alcanzar tus objetivos a largo plazo.
2. **Celebra los Logros**: Reconoce y celebra tus logros, incluso los pequeños. Esto te dará un impulso de motivación y te ayudará a mantenerte enfocado.

Conclusión

En este primer capítulo, hemos explorado qué es la concentración y la atención, por qué son importantes, y cómo puedes mejorarlas para maximizar tu rendimiento académico. Hemos cubierto estrategias para crear un entorno de estudio ideal, establecer metas claras, utilizar técnicas de gestión del tiempo, y desarrollar habilidades de auto-regulación. Además, hemos discutido cómo superar desafíos comunes y mantener la motivación.

Ahora que tienes una comprensión sólida de los conceptos básicos y las herramientas para mejorar tu concentración, estás listo para aplicar estos principios en tu vida diaria. Recuerda, mejorar la concentración es un proceso continuo y cada pequeño paso cuenta. Mantén una actitud positiva y sigue explorando las estrategias que mejor se adapten a ti.

En el próximo capítulo, nos adentraremos en el TDAH y cómo puede influir en tu capacidad para concentrarte. Prepárate para aprender más sobre esta condición y descubrir cómo manejarla de manera efectiva.

¡Nos vemos en el siguiente capítulo!

Capítulo 2
Reconociendo y Entendiendo el TDAH

¿Sientes que tu mente es como un canal de televisión con demasiados canales?

Imagina intentar ver tu serie favorita, pero en lugar de eso, tu pantalla está llena de imágenes y sonidos de todo tipo. Cada poco tiempo cambian de canal, y te resulta imposible concentrarte en el programa que quieres ver. Esto puede ser lo que sientes si tienes TDAH (Trastorno por Déficit de Atención e Hiperactividad). En este capítulo, vamos a desentrañar qué es el TDAH, cómo se manifiesta, y cómo puede afectar tu capacidad para concentrarte y rendir en tus estudios.

¿Qué es el TDAH?

El TDAH es un trastorno neurobiológico que afecta la capacidad de una persona para mantener la atención, controlar impulsos y regular su nivel de actividad. A menudo, las personas con TDAH tienen dificultades para concentrarse en tareas, seguir instrucciones y organizar su tiempo.

Síntomas del TDAH

El TDAH puede manifestarse de diferentes maneras, y sus síntomas pueden variar entre individuos. Sin embargo, hay algunos síntomas comunes que suelen presentarse:

1. **Inatención**: Las personas con TDAH pueden tener dificultades para concentrarse en tareas o detalles. A

menudo se distraen fácilmente y pueden cometer errores por descuido.

○ **Dificultad para mantener el enfoque**: Te resulta difícil concentrarte en una tarea durante un período prolongado.

○ **Olvidos frecuentes**: Sueles olvidar detalles importantes, como fechas de entregas o instrucciones.

○ **Desorganización**: Tienes problemas para organizar tus tareas y materiales, lo que puede llevar a la pérdida de cosas importantes.

2. **Hiperactividad**: Este síntoma se manifiesta como una necesidad constante de moverse y estar en acción. Las personas con TDAH hiperactivo pueden parecer inquietas o excesivamente activas.

○ **Inquietud**: Tienes dificultades para quedarte quieto durante largos períodos, como en clases o reuniones.

○ **Interrupciones**: A menudo interrumpes a otros o hablas sin parar, lo que puede afectar las interacciones sociales y el rendimiento en clase.

3. **Impulsividad**: La impulsividad se refiere a la dificultad para controlar los impulsos y esperar turnos. Esto puede llevar a decisiones apresuradas y comportamientos imprudentes.

○ **Actuar sin pensar**: Tiendes a tomar decisiones rápidas sin considerar las consecuencias, lo que puede llevar a errores y problemas.

○ **Dificultades para esperar**: Te resulta difícil esperar tu turno en conversaciones o actividades, lo que puede causar conflictos con otros.

¿Cómo Afecta el TDAH en el Estudio?

El TDAH puede tener un impacto significativo en tu capacidad para estudiar y rendir en el ámbito académico. Aquí veremos cómo los síntomas del TDAH pueden interferir con tus estudios y qué puedes hacer al respecto.

Dificultades en la Concentración

Uno de los mayores desafíos del TDAH es mantener la concentración en una tarea durante un tiempo prolongado. Esto puede hacer que estudiar sea una tarea ardua y frustrante.

● **Desviaciones Constantes**: La mente de alguien con TDAH puede saltar de un pensamiento a otro, lo que dificulta el enfoque en un solo tema. Puedes comenzar a leer un capítulo y, antes de darte cuenta, te encuentras pensando en algo completamente diferente.

● **Problemas con las Tareas Largas**: Las tareas que requieren un tiempo prolongado, como escribir un ensayo o estudiar para un examen, pueden parecer abrumadoras y difíciles de completar.

Desorganización y Olvidos

La desorganización es otro síntoma común del TDAH que puede afectar tu rendimiento académico.

- **Dificultades para Planificar**: Puedes tener problemas para organizar tu tiempo de estudio y priorizar tareas importantes, lo que lleva a un trabajo incompleto o desordenado.

- **Olvidos Frecuentes**: Olvidar fechas de entrega, tareas importantes o detalles cruciales puede afectar tus calificaciones y causar estrés innecesario.

Interrupciones e Impulsividad

Las interrupciones y la impulsividad pueden afectar tus interacciones en el aula y en los grupos de estudio.

- **Interrupciones en Clase**: Puedes interrumpir al profesor o a tus compañeros durante las lecciones, lo que puede ser molesto para los demás y afectar tu comprensión del material.

- **Decisiones Impulsivas**: Tomar decisiones apresuradas puede llevar a errores en tus tareas o a conflictos con compañeros y profesores.

Diagnóstico del TDAH

Si sospechas que puedes tener TDAH, es importante obtener un diagnóstico adecuado. El diagnóstico del TDAH suele implicar una evaluación exhaustiva por parte de un profesional de salud mental, como un psicólogo o psiquiatra. Aquí te explico los pasos típicos para el diagnóstico:

Evaluación Inicial

El proceso de diagnóstico comienza con una evaluación inicial, donde el profesional revisará tu historial médico, académico y familiar. También te hará preguntas sobre tus síntomas y cómo afectan tu vida diaria.

Entrevistas y Cuestionarios

El profesional puede realizar entrevistas y pedirte que completes cuestionarios para evaluar tus síntomas. Estos cuestionarios suelen abordar aspectos de la inatención, hiperactividad e impulsividad.

Evaluación Psicológica

En algunos casos, puede ser necesaria una evaluación psicológica más detallada para comprender mejor tus síntomas y cómo afectan tu funcionamiento. Esta evaluación puede incluir pruebas estandarizadas y observaciones del comportamiento.

Tratamientos y Estrategias para Manejar el TDAH

Aunque el TDAH no se puede "curar", existen varios enfoques para manejar los síntomas y mejorar tu capacidad para concentrarte y rendir en tus estudios. Aquí te presento algunas estrategias y tratamientos comunes:

Tratamiento Médico

En algunos casos, el tratamiento médico puede ser útil para manejar los síntomas del TDAH. Los medicamentos para el TDAH, como los estimulantes y los no estimulantes, pueden ayudar a mejorar la atención y reducir la hiperactividad e impulsividad. Es importante hablar con un médico para determinar el mejor enfoque para tu situación.

Terapia Conductual

La terapia conductual puede ser útil para desarrollar habilidades de organización y manejo del tiempo. Un terapeuta puede trabajar contigo para crear estrategias personalizadas que te ayuden a mantener el enfoque y reducir la impulsividad.

Estrategias de Estudio Adaptadas

Adaptar tus estrategias de estudio a tus necesidades específicas puede mejorar tu capacidad para concentrarte y rendir en el ámbito académico. Aquí hay algunas sugerencias:

1. **Dividir las Tareas en Segmentos Más Pequeños**: Divide las tareas grandes en pasos más manejables para evitar sentirte abrumado.
2. **Utilizar Técnicas de Estudio Activo**: Emplea métodos como la elaboración de mapas mentales, resúmenes y tarjetas de estudio para mantener tu mente comprometida.
3. **Crear un Horario de Estudio Estructurado**: Establece un horario de estudio regular y utiliza recordatorios para mantenerte en el camino.
4. **Usar Herramientas de Organización**: Utiliza aplicaciones y herramientas para ayudarte a organizar tus tareas y gestionar tu tiempo de manera más efectiva.

Estrategias de Autocuidado

El autocuidado es fundamental para manejar el TDAH y mejorar tu bienestar general. Aquí te presento algunas prácticas que pueden ayudarte:

1. **Establecer una Rutina Diaria**: Mantén una rutina diaria consistente para ayudar a tu mente y cuerpo a estar en un ritmo estable.
2. **Hacer Ejercicio Regularmente**: El ejercicio puede mejorar tu concentración y reducir la hiperactividad. Intenta incorporar actividades físicas en tu rutina diaria.
3. **Dormir lo Suficiente**: Un buen descanso es esencial para el funcionamiento cognitivo. Asegúrate de obtener suficiente sueño cada noche.
4. **Practicar Técnicas de Relajación**: Técnicas como la meditación y la respiración profunda pueden ayudarte a reducir el estrés y mejorar tu capacidad para concentrarte.

El Papel de la Familia y la Escuela

La familia y la escuela juegan un papel crucial en el manejo del TDAH. Aquí te explico cómo puedes colaborar con ellos para obtener el mejor apoyo:

Colaborar con los Padres

Los padres pueden ofrecer un gran apoyo al ayudar a crear un entorno estructurado en el hogar. Aquí hay algunas formas en las que pueden ayudarte:

1. **Establecer Rutinas**: Trabaja con tus padres para crear rutinas diarias que incluyan tiempos de estudio, actividades

recreativas y descanso.

2. **Proporcionar Apoyo Emocional**: Habla con tus padres sobre tus desafíos y busca su apoyo para manejar el estrés y las frustraciones.

3. **Buscar Recursos Adicionales**: Explora recursos educativos y de apoyo que puedan ayudarte a enfrentar el TDAH.

Colaborar con la Escuela

La escuela también puede ser un recurso valioso en el manejo del TDAH. Aquí hay algunas formas en las que puedes trabajar con tus profesores y el personal escolar:

1. **Hablar con los Profesores**: Informa a tus profesores sobre tu TDAH y discute cómo pueden ayudarte a adaptar las tareas y las evaluaciones para que se ajusten a tus necesidades.

2. **Solicitar Adaptaciones Académicas**: Explora la posibilidad de recibir adaptaciones académicas, como tiempo adicional para los exámenes o un entorno de examen reducido en distracciones.

3. **Participar en Programas de Apoyo**: Investiga programas y servicios de apoyo en tu escuela que puedan ofrecer ayuda adicional y recursos.

Conclusión

En este capítulo, hemos explorado qué es el TDAH, cómo se manifiesta y cómo puede afectar tu capacidad para concentrarte en los estudios. Hemos discutido los síntomas comunes del TDAH, el impacto en el rendimiento académico y los métodos de diagnóstico. También hemos cubierto estrategias para manejar el TDAH, incluyendo tratamientos médicos, terapia conductual, y técnicas de estudio adaptadas. Además, hemos abordado el papel de la familia y la escuela en el manejo del TDAH.

El siguiente capítulo se centrará en la creación de un entorno de estudio óptimo que te ayude a mantenerte enfocado y productivo. ¡No te lo pierdas!

Capítulo 3

Creando un Entorno de Estudio Perfecto

¿Alguna vez has intentado estudiar en un lugar lleno de ruido y distracciones?

Imagina que estás intentando resolver un complicado problema de matemáticas en medio de una fiesta. ¿Cómo podrías concentrarte? Estudiar en un entorno que no es adecuado puede hacer que incluso las tareas más simples se vuelvan abrumadoras. En este capítulo, vamos a explorar cómo puedes diseñar un entorno de estudio que te ayude a concentrarte mejor y a ser más productivo. Veremos qué aspectos debes considerar para crear un espacio que maximice tu enfoque y te ayude a alcanzar tus metas académicas.

¿Por Qué es Importante un Buen Entorno de Estudio?

Un entorno de estudio adecuado puede marcar una gran diferencia en tu capacidad para concentrarte y retener información. Aquí te explico por qué:

Reducción de Distracciones

Un entorno de estudio sin distracciones te permite centrarte completamente en tu trabajo. Las distracciones, como el ruido o los dispositivos electrónicos, pueden interrumpir tu flujo de trabajo y reducir la eficiencia. Al minimizar estas distracciones, puedes dedicar más tiempo a estudiar y menos tiempo tratando de recuperarte de las interrupciones.

Mejora de la Productividad

Un espacio de estudio bien diseñado puede aumentar tu productividad. Cuando todo está organizado y en su lugar, puedes encontrar lo que necesitas rápidamente y pasar más tiempo en las tareas importantes. Un entorno ordenado y estructurado te ayuda a mantener el enfoque y a trabajar de manera más eficiente.

Fomento de Hábitos de Estudio Saludables

Un buen entorno de estudio fomenta hábitos de estudio positivos. Cuando tienes un lugar dedicado al estudio, es más fácil establecer una rutina y mantener la consistencia. Esto te ayuda a desarrollar buenos hábitos y a mantenerte enfocado en tus objetivos académicos.

Aspectos Clave de un Entorno de Estudio Ideal

Ahora que sabemos por qué un buen entorno de estudio es importante, vamos a ver los aspectos clave que debes considerar para crear el tuyo.

Elección del Lugar de Estudio

Elegir el lugar adecuado para estudiar es fundamental. Aquí te ofrezco algunas sugerencias para encontrar el mejor lugar:

1. **Encuentra un Espacio Tranquilo**: Elige un lugar donde puedas estudiar sin interrupciones. Esto podría ser una habitación en tu casa, una biblioteca, o cualquier otro lugar que te permita concentrarte.
2. **Considera la Iluminación**: Asegúrate de que el lugar tenga buena iluminación. La luz natural es ideal, pero si no es posible, utiliza una lámpara de escritorio con luz brillante y sin parpadeos. La iluminación adecuada reduce la fatiga visual

y te ayuda a mantenerte alerta.

3. **Elige una Superficie Cómoda**: Utiliza una mesa o escritorio que sea cómodo para trabajar. La superficie debe ser lo suficientemente grande para tus libros y materiales de estudio. Asegúrate de que la silla sea ergonómica y de que te permita mantener una postura correcta.

Organización del Espacio de Estudio

La organización es clave para mantener un entorno de estudio efectivo. Aquí te doy algunas ideas para mantener todo en orden:

1. **Utiliza Almacenamiento Adecuado**: Usa estanterías, cajones y carpetas para guardar tus libros, cuadernos y materiales. Mantén todo organizado y al alcance de la mano para evitar distracciones mientras buscas cosas.
2. **Mantén el Área Limpia**: Un espacio de estudio desordenado puede ser una fuente de distracción. Asegúrate de limpiar tu área de estudio regularmente para mantenerla ordenada y libre de objetos innecesarios.
3. **Personaliza tu Espacio**: Agrega elementos que te hagan sentir cómodo y motivado. Esto puede incluir fotos, pósters, o cualquier cosa que te inspire. Sin embargo, ten cuidado de no sobrecargar el espacio con demasiados elementos decorativos.

Control del Ruido

El ruido puede ser una gran distracción. Aquí tienes algunas maneras de controlar el ruido en tu entorno de estudio:

1. **Usa Auriculares con Cancelación de Ruido**: Los auriculares

con cancelación de ruido pueden ayudarte a bloquear sonidos externos y a concentrarte mejor en tus estudios. También puedes escuchar música suave o sonidos de fondo que te ayuden a relajarte.

2. **Crea un Espacio Silencioso**: Si es posible, elige un lugar que esté alejado de áreas ruidosas. Cierra puertas y ventanas para reducir el ruido exterior.

3. **Utiliza Tapones para los Oídos**: Si no tienes auriculares, considera usar tapones para los oídos para reducir el ruido y mantener tu concentración.

Estrategias para Mejorar la Concentración en el Entorno de Estudio

Ahora que tienes tu espacio de estudio configurado, veamos algunas estrategias adicionales para mejorar tu concentración mientras estudias.

Establecimiento de Rutinas de Estudio

Las rutinas de estudio ayudan a establecer un hábito y a mejorar tu capacidad para concentrarte. Aquí te explico cómo puedes crear una rutina efectiva:

1. **Establece Horarios Fijos**: Designa tiempos específicos para estudiar cada día. Esto ayuda a tu mente a adaptarse a una rutina y a prepararse para concentrarse durante esos períodos.

2. **Crea un Horario de Estudio Equilibrado:** Divide tu tiempo de estudio en bloques manejables. Alterna entre diferentes materias o tipos de estudio para mantener el interés y evitar la fatiga.

3. **Incluye Descansos Regulares**: Programa descansos cortos durante tus sesiones de estudio para evitar el agotamiento. La

técnica Pomodoro, que alterna 25 minutos de estudio con 5 minutos de descanso, es una excelente opción.

Uso de Técnicas de Estudio Efectivas

Utilizar técnicas de estudio efectivas puede ayudarte a aprovechar al máximo tu tiempo. Aquí te presento algunas técnicas que pueden mejorar tu concentración y comprensión:

1. **Método de Resúmenes**: Escribe resúmenes de lo que has estudiado. Esto te ayuda a consolidar la información y a reforzar tu comprensión.
2. **Mapas Mentales**: Crea mapas mentales para organizar la información y visualizar conexiones entre conceptos. Los mapas mentales son una herramienta útil para estructurar el conocimiento de manera clara y lógica.
3. **Tarjetas de Estudio**: Usa tarjetas de estudio para repasar términos clave y conceptos importantes. Las tarjetas son útiles para la memorización y el repaso activo.

Crear un Entorno Motivador

Un entorno que te motive puede hacer que estudiar sea más agradable y menos aburrido. Aquí tienes algunas formas de mantenerte motivado:

1. **Establece Metas de Estudio**: Define metas claras y alcanzables para cada sesión de estudio. Esto te dará un propósito y una sensación de logro al completar tus objetivos.
2. **Premia tus Logros**: Recompénsate por alcanzar tus metas de estudio. Esto puede ser algo simple, como tomar un descanso, disfrutar de un snack, o hacer algo que te guste.
3. **Mantén una Actitud Positiva**: Cultiva una actitud positiva

hacia el estudio. Rodéate de elementos que te inspiren y te ayuden a mantener el enfoque.

Estrategias para Mantener la Motivación y la Energía

Mantenerte motivado y energizado es esencial para un estudio efectivo. Aquí tienes algunas estrategias para mantener tu energía y motivación en niveles óptimos:

Mantén un Estilo de Vida Saludable

Un estilo de vida saludable tiene un impacto directo en tu capacidad para concentrarte. Aquí tienes algunas recomendaciones:

1. **Dieta Balanceada**: Come alimentos saludables que te proporcionen energía y concentración. Incluye frutas, verduras, proteínas y granos enteros en tu dieta.
2. **Hidratación**: Bebe suficiente agua para mantenerte hidratado. La deshidratación puede afectar tu capacidad de concentración y rendimiento.
3. **Ejercicio Regular**: Realiza actividad física regularmente para mantenerte en forma y reducir el estrés. El ejercicio también puede mejorar la concentración y el estado de ánimo.

Gestiona el Estrés

El estrés puede afectar negativamente tu capacidad para concentrarte. Aquí tienes algunas formas de manejar el estrés:

1. **Técnicas de Relajación**: Practica técnicas de relajación, como la respiración profunda, la meditación o el yoga, para reducir el estrés y mejorar tu bienestar general.
2. **Tiempo para Ti Mismo**: Dedica tiempo para actividades que

disfrutes y que te ayuden a relajarte. Esto puede incluir hobbies, tiempo con amigos o actividades al aire libre.

3. **Organiza tu Tiempo**: Usa una planificación efectiva para gestionar tus tareas y reducir la sensación de estar abrumado. Un buen manejo del tiempo te ayuda a sentirte más en control y menos estresado.

Ejemplos de Espacios de Estudio Efectivos

Para inspirarte, aquí tienes algunos ejemplos de cómo diferentes personas han diseñado sus espacios de estudio:

El Espacio de Estudio en Casa

- **Área de Estudio Mínima**: Un rincón en una habitación con una mesa y una silla ergonómica, bien iluminado y libre de distracciones. Usa estanterías para mantener libros y materiales organizados.

- **Oficina en Casa**: Una habitación dedicada al estudio con un escritorio grande, sillas cómodas, buena iluminación y almacenamiento para todos los materiales de estudio.

El Espacio de Estudio en la Biblioteca

- **Zona de Estudio Individual**: Un cubículo en la biblioteca con suficiente luz y un entorno tranquilo. Utiliza auriculares si es necesario para bloquear ruidos externos.

- **Área de Trabajo en Grupo**: Mesas de estudio en grupo con pizarras y espacio para colaborar. Asegúrate de mantener la conversación y el ruido a un nivel bajo para no molestar a otros estudiantes.

Conclusión

En este capítulo, hemos explorado cómo crear un entorno de estudio que favorezca la concentración y la productividad. Hemos cubierto aspectos clave como la elección del lugar de estudio, la organización del espacio, el control del ruido y estrategias para mantener la motivación y la energía.

El próximo capítulo se centrará en la gestión del tiempo y cómo puedes optimizar tus sesiones de estudio para obtener el mejor rendimiento académico. Prepárate para descubrir técnicas y herramientas que te ayudarán a aprovechar al máximo cada minuto que dedicas al estudio.

Capítulo 4

Gestión del Tiempo para el Estudio: ¡Conviértete en un Maestro de la Organización!

¿Alguna vez has sentido que el tiempo se te escapa y no puedes avanzar en tus estudios?

Imagínate esto: tienes un gran proyecto o un examen importante, pero el tiempo parece volar y, cuando te das cuenta, te has quedado sin horas en el día. La buena noticia es que puedes tomar el control de tu tiempo y aprender a usarlo de manera más efectiva. En este capítulo, vamos a descubrir cómo puedes gestionar tu tiempo de estudio para ser más eficiente, reducir el estrés y mejorar tus resultados académicos. Prepárate para convertirte en un maestro de la organización.

¿Por Qué es Importante Gestionar el Tiempo de Manera Efectiva?

La gestión del tiempo es crucial para el éxito académico y personal. Aquí te explico por qué es tan importante:

Reducción del Estrés

Una buena gestión del tiempo ayuda a evitar la acumulación de trabajo y la presión de última hora. Planificar y organizar tu tiempo te permite abordar tus tareas de manera ordenada, reduciendo la ansiedad y el estrés asociados con los plazos de entrega.

Mejora del Rendimiento Académico

Cuando gestionas bien tu tiempo, puedes dedicar suficiente tiempo a cada tarea y estudiar de manera más efectiva. Esto se traduce en una mejor comprensión del material y en un rendimiento académico superior.

Desarrollo de Hábitos de Estudio Positivos

La gestión del tiempo efectiva te ayuda a desarrollar hábitos de estudio saludables. Crear un horario y seguirlo te enseña disciplina y responsabilidad, habilidades que serán útiles en todas las áreas de tu vida.

Estrategias para una Gestión del Tiempo Efectiva

Aquí vamos a explorar varias estrategias para ayudarte a gestionar tu tiempo de manera más eficiente. Desde la planificación diaria hasta el uso de herramientas de organización, hay muchas maneras de optimizar tu tiempo.

1. Establecimiento de Metas Claras

Tener metas claras te ayuda a mantenerte enfocado y motivado. Aquí te explico cómo establecer metas efectivas:

1. **Define tus Objetivos**: Antes de comenzar a estudiar, define qué es lo que quieres lograr. Puede ser algo a corto plazo, como completar un capítulo, o a largo plazo, como prepararte para un examen final.
2. **Haz Metas SMART**: Utiliza el método SMART para establecer metas específicas, medibles, alcanzables, relevantes y con un límite de tiempo. Por ejemplo, en lugar de decir

"quiero mejorar en matemáticas", di "quiero practicar 30 problemas de matemáticas cada día durante la próxima semana".

2. Crear un Horario de Estudio

Un horario de estudio bien estructurado es fundamental para una gestión del tiempo efectiva. Aquí tienes algunos pasos para crear uno:

1. **Planifica tu Semana**: Dedica tiempo cada semana para planificar tu horario de estudio. Incluye todas tus actividades y compromisos, como clases, actividades extracurriculares y tiempo libre.
2. **Asignar Tiempos de Estudio**: Bloquea tiempos específicos para estudiar en tu horario. Asegúrate de que estos tiempos sean realistas y que se adapten a tu ritmo y necesidades. Por ejemplo, si eres más productivo por la mañana, programa tus sesiones de estudio para esa hora.
3. **Incluye Descansos**: No olvides programar descansos regulares. Estudiar durante largos períodos sin descanso puede llevar a la fatiga y a una menor productividad. La técnica Pomodoro, que consiste en estudiar durante 25 minutos y luego tomar un descanso de 5 minutos, es una excelente opción.

3. Priorizar las Tareas

Saber qué tareas son más importantes te ayuda a gestionar tu tiempo de manera más efectiva. Aquí te explico cómo priorizar tus tareas:

1. **Haz una Lista de Tareas**: Crea una lista de todas las tareas que necesitas realizar. Incluye tanto tareas a corto plazo,

como terminar un ejercicio, como a largo plazo, como preparar un proyecto.

2. **Clasifica por Urgencia e Importancia**: Divide tus tareas en categorías según su urgencia e importancia. Utiliza una matriz de priorización, como la matriz de Eisenhower, para decidir qué tareas deben hacerse primero.

3. **Enfócate en las Tareas Clave**: Dedica tu tiempo y energía a las tareas más importantes y urgentes. Delega o pospone tareas menos importantes si es necesario.

4. Utilizar Herramientas de Organización

Las herramientas de organización pueden ayudarte a mantener tu tiempo bajo control y a gestionar tus tareas de manera más efectiva. Aquí tienes algunas herramientas útiles:

1. **Aplicaciones de Calendario**: Utiliza aplicaciones de calendario como Google Calendar o Outlook para programar tus tiempos de estudio y recordatorios. Estas aplicaciones te permiten ver tu horario de un vistazo y hacer ajustes según sea necesario.

2. **Aplicaciones de Lista de Tareas**: Aplicaciones como Todoist o Microsoft To Do te ayudan a gestionar tus listas de tareas y a establecer recordatorios para que no olvides nada importante.

3. **Relojes de Temporizador**: Usa temporizadores para controlar tus sesiones de estudio y descansos. Los temporizadores te ayudan a mantenerte enfocado y a seguir tu horario.

Superar Obstáculos Comunes en la Gestión del Tiempo

En el camino hacia una gestión del tiempo efectiva, puedes enfrentar varios obstáculos. Aquí te ofrezco soluciones para algunos de los problemas más comunes:

Procrastinación

La procrastinación es uno de los mayores desafíos en la gestión del tiempo. Aquí te explico cómo combatirla:

1. **Divide las Tareas en Pasos Pequeños**: Las tareas grandes pueden parecer abrumadoras. Divide las tareas en pasos más pequeños y manejables para facilitar el comienzo y la finalización.
2. **Establece Plazos Cortos**: Establece plazos cortos para cada tarea. Esto crea un sentido de urgencia y te motiva a comenzar y completar las tareas a tiempo.
3. **Elimina Distracciones**: Identifica las distracciones que te afectan y busca maneras de eliminarlas durante tu tiempo de estudio. Esto puede incluir apagar el teléfono, usar aplicaciones para bloquear sitios web distractores, o encontrar un lugar tranquilo para estudiar.

Falta de Motivación

La falta de motivación puede hacer que sea difícil seguir tu horario de estudio. Aquí tienes algunas estrategias para mantenerte motivado:

1. **Recompénsate por Logros**: Celebra tus logros, tanto grandes como pequeños. Recompénsate con algo que disfrutes, como un tiempo libre para hacer algo que te guste.

2. **Encuentra tu Propósito**: Reflexiona sobre por qué es importante para ti el estudio y cómo te ayudará a alcanzar tus objetivos a largo plazo. Mantén ese propósito en mente para mantenerte motivado.

3. **Cambia tu Enfoque**: Si te sientes desmotivado con una tarea, intenta cambiar tu enfoque. Prueba diferentes técnicas de estudio o busca maneras de hacer el estudio más interesante y agradable.

Sobreplanificación

Sobreplanificar puede llevar a la sensación de estar abrumado y a la falta de flexibilidad. Aquí tienes algunas maneras de evitarlo:

1. **Sé Realista**: Establece metas y tiempos de estudio que sean realistas y alcanzables. Evita llenar tu horario con demasiadas tareas y deja espacio para imprevistos.

2. **Deja Espacio para Flexibilidad**: Incluye tiempo libre y espacios para ajustes en tu horario. Esto te permite adaptarte a cambios inesperados sin sentirte estresado.

3. **Revisa y Ajusta Regularmente**: Revisa tu horario regularmente y haz ajustes según sea necesario. Esto te permite adaptar tu planificación a tus necesidades y cambios en tus prioridades.

Consejos para Mantener una Gestión del Tiempo Efectiva a Largo Plazo

La gestión del tiempo es una habilidad que se desarrolla con el tiempo y la práctica. Aquí tienes algunos consejos para mantener una gestión del tiempo efectiva a largo plazo:

Evaluar y Ajustar tu Horario

Regularmente evalúa cómo estás manejando tu tiempo y ajusta tu horario según sea necesario. Pregúntate si estás cumpliendo con tus metas y si hay áreas que necesitan mejorar. Hacer ajustes periódicos te ayuda a mantenerte en el camino y a seguir siendo eficiente.

Mantener un Equilibrio entre Estudio y Tiempo Libre

No olvides equilibrar el estudio con tiempo para relajarte y disfrutar de tus actividades favoritas. Un buen equilibrio entre estudio y tiempo libre ayuda a evitar el agotamiento y a mantener una actitud positiva hacia el estudio.

Buscar Apoyo y Recursos Adicionales

No tengas miedo de buscar apoyo o recursos adicionales si los necesitas. Esto puede incluir hablar con un tutor, un orientador académico, o utilizar recursos en línea para mejorar tus habilidades de gestión del tiempo.

Ejemplos de Planificación y Organización Efectiva

Para inspirarte, aquí tienes algunos ejemplos de cómo diferentes personas gestionan su tiempo de manera efectiva:

Planificación Semanal

- **Calendario de Estudio**: Un estudiante universitario crea un calendario semanal detallado que incluye clases, tiempos de estudio, actividades extracurriculares y descansos. Utiliza colores para diferenciar las actividades y asegura tiempo suficiente para cada tarea.

- **Lista de Tareas Prioritarias**: Un estudiante de secundaria hace una lista de tareas prioritarias cada mañana, clasificando las tareas según su urgencia e importancia. Esto le ayuda a concentrarse en las tareas más importantes primero.

Organización Diaria

- **Horarios de Estudio en Blocos**: Un estudiante de posgrado divide su día en bloques de estudio, intercalados con descansos y tiempo para otras actividades. Utiliza un temporizador para mantenerse enfocado durante cada bloque de estudio.

- **Aplicación de Lista de Tareas**: Una estudiante de secundaria usa una aplicación de lista de tareas para gestionar sus deberes y proyectos escolares. La aplicación le envía recordatorios y le permite marcar tareas completadas.

Conclusión

En este capítulo, hemos explorado cómo gestionar tu tiempo de manera efectiva para maximizar tu rendimiento académico y reducir el estrés. Hemos cubierto estrategias para establecer metas, crear un horario de estudio, priorizar tareas, y utilizar herramientas de organización. También hemos discutido cómo superar obstáculos comunes, mantener la motivación y ajustar tu planificación a largo plazo.

En el próximo capítulo, nos centraremos en técnicas de estudio efectivas que te ayudarán a sacar el máximo provecho de tu tiempo de estudio y a mejorar tu comprensión y retención de la información.

Capítulo 5

Técnicas de Estudio Efectivas: Aprende a Estudiar de Manera Inteligente

¿Alguna vez te has sentido abrumado al intentar estudiar para un examen o completar un proyecto grande?

Quizás pasaste horas leyendo, pero no lograste recordar lo que estudiaste. O tal vez te sientes frustrado porque te cuesta entender los conceptos a pesar de estudiar mucho. No te preocupes, ¡no estás solo! En este capítulo, vamos a explorar técnicas de estudio efectivas que te ayudarán a aprender de manera más inteligente, no solo más dura. Prepárate para descubrir cómo puedes mejorar tu comprensión, retención y rendimiento académico con métodos probados y prácticos.

¿Por Qué Es Importante Usar Técnicas de Estudio?

Utilizar técnicas de estudio adecuadas puede marcar una gran diferencia en tu rendimiento académico. Aquí te explico por qué son tan importantes:

Optimización del Aprendizaje

Las técnicas de estudio efectivas te ayudan a aprender de manera más eficiente. En lugar de pasar tiempo leyendo de manera pasiva, estas técnicas te permiten interactuar con el material y hacerlo más comprensible.

Mejora de la Retención de Información

Las técnicas adecuadas no solo te ayudan a entender el material, sino que también mejoran tu capacidad para recordarlo. La retención a largo plazo es crucial para el éxito en exámenes y en la aplicación de conocimientos en situaciones reales.

Reducción del Estrés

Al utilizar técnicas efectivas, puedes estudiar de manera más organizada y efectiva, lo que reduce la sensación de estar abrumado. Esto te permite abordar el material de manera más estructurada y con mayor confianza.

Técnicas de Estudio Efectivas para Mejorar tu Rendimiento

Aquí vamos a explorar varias técnicas de estudio que pueden ayudarte a ser más eficiente en tu aprendizaje. Cada técnica tiene sus propias ventajas y puede ser útil en diferentes situaciones.

1. Método de Resúmenes

El método de resúmenes es una técnica clásica que te ayuda a condensar y organizar la información que has aprendido.

Cómo Hacer un Resumen Efectivo

1. **Lee el Material Cuidadosamente**: Antes de comenzar a resumir, asegúrate de entender bien el material. Lee el texto y subraya las ideas principales.
2. **Identifica los Puntos Clave**: Extrae los puntos más importantes del texto. No te limites a copiar el contenido; trata de entender y explicar las ideas en tus propias palabras.

3. **Organiza tu Resumen**: Estructura tu resumen de manera lógica. Usa encabezados y listas para organizar la información de manera clara y fácil de revisar.

4. **Revisa y Ajusta**: Lee tu resumen y asegúrate de que cubra todos los puntos clave. Ajusta el contenido si es necesario para que sea más claro y útil.

Ventajas del Método de Resúmenes

● **Consolidación del Conocimiento**: Crear un resumen te obliga a procesar la información y a organizarla de manera coherente.

● **Facilita el Repaso**: Los resúmenes son útiles para repasar rápidamente antes de un examen, ya que condensan la información clave en un formato manejable.

2. Técnicas de Repetición Espaciada

La repetición espaciada es una técnica que se basa en repasar la información en intervalos crecientes para mejorar la retención a largo plazo.

Cómo Implementar la Repetición Espaciada

1. **Estudia el Material**: Aprende el material que necesitas recordar.

2. **Revisa en Intervalos**: Programa revisiones del material a intervalos específicos. Por ejemplo, revisa después de 1 día, 3 días, 1 semana, etc.

3. **Utiliza Tarjetas de Estudio**: Usa tarjetas de estudio o aplicaciones de repetición espaciada, como Anki, para

gestionar tus repasos.

Ventajas de la Repetición Espaciada

● **Mejora la Retención a Largo Plazo**: Repetir la información en intervalos ayuda a consolidar el conocimiento en la memoria a largo plazo.

● **Reduce el Olvido**: Al repasar el material regularmente, reduces la posibilidad de olvidar la información.

3. Mapas Mentales

Los mapas mentales son herramientas visuales que te ayudan a organizar y conectar conceptos.

Cómo Crear un Mapa Mental

1. **Empieza con el Tema Central**: Coloca el tema principal en el centro de la página.
2. **Añade Ramas para Subtemas**: Dibuja ramas que se extiendan desde el tema central para cada subtema o concepto relacionado.
3. **Incluye Detalles**: Añade detalles y ejemplos a las ramas para ampliar la información.
4. **Utiliza Colores e Imágenes**: Usa colores y dibujos para hacer el mapa mental más atractivo y fácil de recordar.

Ventajas de los Mapas Mentales

● **Visualización de Conexiones**: Los mapas mentales te ayudan a ver cómo se conectan diferentes conceptos y temas.

● **Facilitan el Repaso**: La representación visual del material facilita el repaso y la comprensión rápida.

4. Técnicas de Enseñanza

Enseñar a otros es una técnica poderosa para reforzar tu propio aprendizaje.

Cómo Usar la Técnica de Enseñanza

1. **Explica el Material a Alguien Más**: Trata de explicar el contenido a un amigo, familiar o incluso a ti mismo en voz alta.
2. **Prepara una Presentación**: Si es posible, crea una presentación o un esquema para enseñar el material de manera más estructurada.
3. **Responde Preguntas**: Responde preguntas sobre el material para asegurarte de que entiendes todos los aspectos.

Ventajas de la Técnica de Enseñanza

● **Refuerzo del Conocimiento**: Enseñar a otros te obliga a comprender el material en profundidad.

● **Identificación de Lagunas**: Al enseñar, puedes identificar áreas en las que necesitas más práctica o comprensión.

5. Técnica Pomodoro

La técnica Pomodoro es un método de gestión del tiempo que te ayuda a mantenerte enfocado durante el estudio.

Cómo Implementar la Técnica Pomodoro

1. **Elige una Tarea**: Decide qué tarea vas a realizar.
2. **Estudia Durante 25 Minutos**: Trabaja en la tarea durante 25 minutos sin distracciones.
3. **Toma un Descanso de 5 Minutos**: Después de 25 minutos, toma un descanso corto de 5 minutos.
4. **Repite y Toma un Descanso Largo**: Repite el proceso y, después de completar cuatro sesiones, toma un descanso más largo de 15-30 minutos.

Ventajas de la Técnica Pomodoro

- **Aumento de la Productividad**: Trabajar en bloques de tiempo ayuda a mantener el enfoque y la motivación.

- **Reducción de la Fatiga**: Los descansos regulares ayudan a prevenir el agotamiento y a mantener la energía.

Cómo Adaptar las Técnicas de Estudio a Diferentes Materias

Cada materia puede requerir un enfoque diferente para estudiar. Aquí te explico cómo adaptar las técnicas de estudio a diferentes tipos de contenido.

Estudios de Lenguas

- **Uso de Tarjetas de Estudio**: Crea tarjetas con vocabulario y frases clave para practicar la memoria y la comprensión.

- **Repetición Espaciada**: Utiliza la repetición espaciada para repasar vocabulario y reglas gramaticales.

Ciencias

- **Mapas Mentales**: Usa mapas mentales para visualizar y conectar conceptos científicos complejos.

- **Técnicas de Enseñanza**: Explica los conceptos científicos a otros para reforzar tu comprensión.

Matemáticas

- **Resolución de Problemas**: Practica resolviendo problemas y ejercicios de matemáticas para consolidar tus habilidades.

- **Método de Resúmenes**: Resume fórmulas y métodos en una hoja para tener una referencia rápida durante el estudio.

Historia

- **Uso de Cronologías**: Crea cronologías para visualizar eventos históricos y sus relaciones.

- **Técnica Pomodoro**: Utiliza la técnica Pomodoro para estudiar diferentes períodos históricos en sesiones enfocadas.

Consejos Adicionales para Maximizar la Eficiencia de Estudio

Aquí tienes algunos consejos adicionales para mejorar aún más tu eficiencia en el estudio:

Crear un Ambiente de Estudio Ideal

- **Elimina Distracciones**: Asegúrate de que tu entorno de estudio esté libre de distracciones como teléfonos móviles y redes sociales.

- **Organiza tu Espacio**: Mantén tu área de estudio limpia y organizada para facilitar el enfoque y la concentración.

Mantener una Actitud Positiva

- **Establece Metas Realistas**: Define metas alcanzables y celebra tus logros para mantenerte motivado.

- **Visualiza el Éxito**: Imagina cómo te sentirás al alcanzar tus objetivos para mantener una actitud positiva hacia el estudio.

Practicar la Autoevaluación

- **Realiza Pruebas de Práctica**: Usa pruebas de práctica para evaluar tu comprensión y ajustar tu enfoque de estudio según sea necesario.

- **Revisa tus Errores**: Analiza tus errores en las pruebas y ejercicios para identificar áreas de mejora.

Conclusión

En este capítulo, hemos explorado técnicas de estudio efectivas que te ayudarán a aprender de manera más inteligente y eficiente. Desde el método de resúmenes hasta la técnica Pomodoro, cada estrategia está diseñada para mejorar tu comprensión, retención y rendimiento académico.

En el próximo capítulo, abordaremos cómo mantener la motivación y la disciplina a lo largo del proceso de estudio. Veremos cómo establecer hábitos positivos y mantener un enfoque constante en tus objetivos académicos.

Capítulo 6

Manteniendo la Motivación y la Disciplina: El Secreto para No Perder el Ritmo

¿Alguna vez te has sentido súper motivado para estudiar al principio, pero luego esa motivación empieza a desvanecerse?

Imagínate esto: te has fijado un gran objetivo académico y comienzas con toda la energía del mundo. Pero después de unas semanas, el entusiasmo disminuye, y te resulta más difícil mantener el ritmo. ¿Cómo puedes asegurarte de mantener la motivación y la disciplina a lo largo del tiempo? En este capítulo, vamos a descubrir cómo puedes mantener tu entusiasmo y ser constante en tu estudio, incluso cuando los días se vuelvan largos y difíciles. Prepárate para aprender estrategias que te ayudarán a mantener el rumbo y alcanzar tus metas académicas.

¿Por Qué Es Importante Mantener la Motivación y la Disciplina?

Mantener la motivación y la disciplina es crucial para lograr el éxito académico y personal. Aquí te explico por qué son tan importantes:

Prevención del Estancamiento

La motivación te ayuda a seguir adelante, mientras que la disciplina te asegura que continúas trabajando hacia tus objetivos, incluso cuando no tienes ganas. Sin estos dos elementos, es fácil quedarse estancado y no avanzar en tus estudios.

Consistencia en el Rendimiento

La disciplina garantiza que mantengas una rutina de estudio consistente. La motivación, por otro lado, te impulsa a seguir esa rutina y a enfrentar los desafíos que se presentan. Juntos, te permiten mantener un rendimiento académico estable y en crecimiento.

Reducción del Estrés y la Ansiedad

Una actitud motivada y disciplinada reduce el estrés al evitar la acumulación de trabajo y los plazos de entrega de última hora. Esto te permite abordar tus estudios de manera más organizada y relajada.

Estrategias para Mantener la Motivación

Mantener la motivación puede ser un desafío, pero hay varias estrategias que puedes utilizar para mantenerte enfocado y entusiasta.

1. Establecimiento de Metas Claras y Alcanzables

Las metas claras y alcanzables son fundamentales para mantenerte motivado.

Cómo Establecer Metas Efectivas

1. **Define Objetivos Específicos**: Establece metas claras y específicas que quieras alcanzar. Por ejemplo, en lugar de decir "quiero mejorar en matemáticas", di "quiero sacar un 90% en el próximo examen de matemáticas".
2. **Divide las Metas en Pasos Pequeños**: Divide tus grandes metas en pasos más pequeños y manejables. Esto hace que las metas parezcan menos abrumadoras y te permite celebrar los pequeños logros a lo largo del camino.

3. **Usa el Método SMART**: Asegúrate de que tus metas sean SMART: Específicas, Medibles, Alcanzables, Relevantes y con un Tiempo definido. Esto te ayuda a mantenerte enfocado y a seguir una ruta clara hacia tus objetivos.

Ventajas de Tener Metas Claras

- **Enfoque Claro**: Tener metas claras te da una dirección y un propósito, lo que hace que sea más fácil mantener la motivación.

- **Sentimiento de Logro**: Alcanzar metas, incluso las pequeñas, te proporciona un sentido de logro y te anima a seguir adelante.

2. Crear un Sistema de Recompensas

Las recompensas son una excelente manera de mantenerte motivado a lo largo del tiempo.

Cómo Implementar un Sistema de Recompensas

1. **Define Recompensas para Logros**: Establece recompensas para ti mismo al alcanzar metas o completar tareas. Puede ser algo simple, como ver una película que te guste o disfrutar de tu snack favorito.

2. **Haz que las Recompensas Sean Significativas**: Asegúrate de que las recompensas sean algo que realmente disfrutes. Esto hace que el proceso de estudio sea más placentero y te da algo que esperar.

3. **Ajusta las Recompensas según el Tamaño del Logro**: Las recompensas pueden variar según la magnitud de la tarea o

meta. Por ejemplo, una pequeña tarea puede tener una recompensa menor, mientras que un gran logro puede merecer una recompensa más significativa.

Ventajas del Sistema de Recompensas

- **Refuerzo Positivo**: Las recompensas actúan como refuerzos positivos que te animan a seguir trabajando duro.

- **Mayor Entusiasmo**: La perspectiva de una recompensa puede aumentar tu entusiasmo y motivación para completar tareas.

3. *Mantener un Diario de Estudio*

Un diario de estudio es una herramienta útil para seguir tu progreso y mantenerte motivado.

Cómo Utilizar un Diario de Estudio

1. **Registra tus Metas y Progresos**: Anota tus metas, tareas completadas y avances en tu diario. Esto te permite ver cuánto has logrado y te motiva a seguir avanzando.
2. **Reflexiona sobre tus Experiencias**: Usa el diario para reflexionar sobre tus experiencias de estudio. Anota qué métodos te han funcionado mejor y qué áreas necesitas mejorar.
3. **Ajusta tus Estrategias**: Basándote en tus reflexiones, ajusta tus estrategias de estudio y establece nuevas metas si es necesario.

Ventajas de un Diario de Estudio

- **Visibilidad del Progreso**: Ver tu progreso registrado te da una sensación de logro y te anima a seguir adelante.

- **Autoevaluación**: Reflexionar sobre tu proceso de estudio te ayuda a identificar áreas de mejora y a ajustar tus estrategias.

Estrategias para Mantener la Disciplina

La disciplina es clave para seguir tu rutina de estudio y alcanzar tus objetivos. Aquí tienes algunas estrategias para desarrollar y mantener la disciplina.

1. Establecer una Rutina de Estudio

Una rutina de estudio estable te ayuda a integrar el estudio en tu vida diaria de manera efectiva.

Cómo Crear una Rutina de Estudio

1. **Define Horarios de Estudio Regulares**: Establece horarios fijos para estudiar todos los días. Esto convierte el estudio en un hábito y hace que sea más fácil cumplir con tu rutina.
2. **Haz que el Estudio Sea una Prioridad**: Asegúrate de que el estudio sea una prioridad en tu día. Programa tu tiempo de estudio de manera que no compita con otras actividades importantes.
3. **Adapta la Rutina a tu Estilo de Vida**: Ajusta tu rutina de estudio para que se adapte a tu ritmo y a tus necesidades. Si eres más productivo en ciertos momentos del día, programa tu estudio para esos momentos.

Ventajas de una Rutina de Estudio

- **Construcción de Hábitos**: Una rutina consistente te ayuda a construir hábitos de estudio efectivos.

- **Organización y Estructura**: Establecer horarios fijos para estudiar proporciona una estructura organizada que facilita el seguimiento de tus tareas.

2. Superar la Procrastinación

La procrastinación es un desafío común que puede afectar tu disciplina. Aquí tienes algunas estrategias para superarla:

Cómo Combatir la Procrastinación

1. **Divide las Tareas en Partes Pequeñas**: Las tareas grandes pueden parecer abrumadoras. Divide las tareas en partes más pequeñas y manejables para facilitar el inicio y la finalización.
2. **Usa la Técnica Pomodoro**: La técnica Pomodoro, que consiste en estudiar durante 25 minutos y luego tomar un descanso de 5 minutos, ayuda a mantener el enfoque y a evitar la procrastinación.
3. **Elimina Distracciones**: Identifica y elimina las distracciones que te impiden comenzar o concentrarte en tus estudios. Esto puede incluir apagar el teléfono, usar aplicaciones para bloquear sitios web distractores o encontrar un lugar tranquilo para estudiar.

Ventajas de Combatir la Procrastinación

- **Aumento de la Productividad**: Superar la procrastinación te permite ser más productivo y avanzar en tus tareas.

- **Reducción del Estrés**: Al comenzar a trabajar en las tareas de manera oportuna, reduces la acumulación de trabajo y el estrés asociado con los plazos de entrega.

3. Mantener la Responsabilidad Personal

La responsabilidad personal es clave para mantener la disciplina en el estudio.

Cómo Fomentar la Responsabilidad Personal

1. **Establece Compromisos**: Haz compromisos contigo mismo para cumplir con tu rutina de estudio. La auto-disciplina se basa en cumplir los compromisos que haces contigo mismo.
2. **Busca Apoyo de Otros**: Comparte tus metas y progresos con amigos, familiares o compañeros de estudio. El apoyo de otros puede ayudarte a mantenerte en el camino y a cumplir tus objetivos.
3. **Autoevaluación Regular**: Realiza autoevaluaciones regulares para revisar tu progreso y ajustar tus estrategias según sea necesario.

Ventajas de la Responsabilidad Personal

- **Mayor Autonomía**: La responsabilidad personal te ayuda a ser autónomo y a tomar el control de tu propio aprendizaje.

- **Compromiso y Consistencia**: Fomentar la responsabilidad personal te mantiene comprometido y consistente en tus esfuerzos de estudio.

Cómo Manejar el Estrés y la Fatiga

El estrés y la fatiga pueden afectar tu motivación y disciplina. Aquí tienes algunas estrategias para manejarlos:

1. Técnicas de Manejo del Estrés

El manejo del estrés es fundamental para mantener la motivación y la disciplina.

Cómo Manejar el Estrés

1. **Practica Técnicas de Relajación**: Utiliza técnicas de relajación como la meditación, la respiración profunda o el yoga para reducir el estrés.
2. **Haz Ejercicio Regularmente**: El ejercicio físico regular ayuda a liberar tensiones y a mejorar tu bienestar general.
3. **Mantén un Equilibrio entre Estudio y Tiempo Libre**: Asegúrate de equilibrar el tiempo dedicado al estudio con actividades recreativas y relajantes.

Ventajas del Manejo del Estrés

- **Mejora del Bienestar**: Reducir el estrés mejora tu bienestar general y te ayuda a mantenerte motivado.

- **Mayor Enfoque**: Menos estrés significa mejor concentración y rendimiento académico.

2. Prevención de la Fatiga

La fatiga puede afectar tu capacidad para estudiar de manera efectiva. Aquí te explico cómo prevenirla:

Cómo Prevenir la Fatiga

1. **Duerme lo Suficiente**: Asegúrate de dormir lo suficiente cada noche para mantener tu energía y concentración durante el día.
2. **Toma Descansos Regulares**: Programa descansos cortos durante tus sesiones de estudio para evitar el agotamiento mental.
3. **Mantén una Dieta Saludable**: Come alimentos saludables que te proporcionen la energía necesaria para mantenerte enfocado y alerta.

Ventajas de Prevenir la Fatiga

- **Mejora de la Productividad**: Mantenerte descansado y energizado mejora tu productividad y rendimiento académico.

- **Mayor Concentración**: La prevención de la fatiga asegura que puedas mantener la concentración durante tus estudios.

Conclusión

En este capítulo, hemos explorado cómo mantener la motivación y la disciplina a lo largo del tiempo. Desde el establecimiento de metas claras hasta la implementación de sistemas de recompensas, y desde la creación de una rutina de estudio hasta la gestión del estrés, estas estrategias te ayudarán a mantenerte enfocado y comprometido con tus objetivos académicos.

En el próximo capítulo, abordaremos cómo gestionar eficazmente tu tiempo de estudio para maximizar tu productividad y equilibrar tus estudios con otras responsabilidades. ¡No te lo pierdas!

Capítulo 7

Gestión Eficaz del Tiempo: Cómo Aprovechar Cada Minuto

¿Te ha pasado alguna vez que sientes que el tiempo nunca es suficiente para hacer todo lo que necesitas?

Imagina esto: tienes una montaña de tareas por hacer, un montón de exámenes por estudiar y, además, quieres disfrutar de tu tiempo libre. Te enfrentas a la sensación de que el tiempo simplemente no alcanza para todo. ¿Cómo puedes gestionar tu tiempo de manera que puedas equilibrar tus estudios, tus responsabilidades y aún así disfrutar de tus pasatiempos? En este capítulo, te vamos a revelar cómo organizar tu tiempo de forma eficiente para que puedas maximizar tu productividad y mantener un equilibrio saludable en tu vida. Prepárate para descubrir estrategias que transformarán la manera en que administras tus minutos y horas.

La Importancia de la Gestión del Tiempo

La gestión eficaz del tiempo es esencial para alcanzar tus objetivos académicos y personales. Aquí te explico por qué es tan importante:

1. Mejora la Productividad

Una buena gestión del tiempo te permite trabajar de manera más eficiente, completar tus tareas en menos tiempo y con mejor calidad.

2. Reduce el Estrés

Organizar tu tiempo adecuadamente reduce la sensación de estar abrumado y el estrés asociado con los plazos ajustados y las tareas acumuladas.

3. Equilibra el Tiempo de Estudio y el Tiempo Libre

Gestionar tu tiempo eficazmente te permite equilibrar tus estudios con tus actividades recreativas, lo cual es crucial para tu bienestar general.

Estrategias para una Gestión del Tiempo Eficaz

Aquí te presentamos varias estrategias para ayudarte a gestionar tu tiempo de manera más eficaz.

1. Planificación y Organización

Una planificación adecuada es la base para una buena gestión del tiempo.

Cómo Planificar Efectivamente

1. **Crea un Horario Semanal**: Utiliza un calendario o una aplicación para planificar tus actividades de la semana. Incluye tus horarios de clase, tiempo de estudio, actividades extracurriculares y tiempo libre.
2. **Haz una Lista de Tareas Diarias**: Cada día, haz una lista de las tareas que necesitas completar. Prioriza estas tareas según su urgencia e importancia.
3. **Usa Herramientas de Planificación**: Herramientas como calendarios en línea, aplicaciones de gestión de tareas y agendas pueden ayudarte a mantenerte organizado y a seguir

tu progreso.

Ventajas de la Planificación

- **Claridad en tus Actividades**: La planificación te da una visión clara de lo que necesitas hacer, evitando olvidos y confusiones.

- **Mejor Gestión de Prioridades**: Te ayuda a identificar qué tareas son más importantes y a enfocarte en ellas.

2. Técnicas de Gestión del Tiempo

Existen diversas técnicas que puedes usar para gestionar tu tiempo de manera más eficiente.

La Técnica Pomodoro

La Técnica Pomodoro es una estrategia popular para mejorar la productividad.

1. **Configura un Temporizador**: Trabaja en una tarea durante 25 minutos sin interrupciones.
2. **Toma un Descanso Corto**: Después de los 25 minutos, toma un descanso de 5 minutos.
3. **Repite el Proceso**: Después de cuatro "pomodoros", toma un descanso más largo de 15-30 minutos.

La Matriz de Eisenhower

La Matriz de Eisenhower ayuda a priorizar tareas según su urgencia e importancia.

1. **Cuadrante 1: Urgente e Importante**: Tareas que debes hacer de inmediato.
2. **Cuadrante 2: Importante pero No Urgente**: Tareas que planeas hacer pero no son urgentes.
3. **Cuadrante 3: Urgente pero No Importante**: Tareas que puedes delegar a otros.
4. **Cuadrante 4: Ni Urgente ni Importante**: Tareas que puedes eliminar o minimizar.

Ventajas de las Técnicas de Gestión del Tiempo

- **Mayor Enfoque**: Las técnicas como la Técnica Pomodoro ayudan a mantenerte enfocado en una tarea a la vez.

- **Priorización Efectiva**: La Matriz de Eisenhower facilita la identificación de tareas clave y la gestión de prioridades.

3. Establecimiento de Rutinas

Tener rutinas establecidas puede mejorar tu eficiencia y hacer que el manejo del tiempo sea más automático.

Cómo Establecer Rutinas Efectivas

1. **Define Horarios Regulares para el Estudio**: Establece horarios fijos para estudiar cada día y adhiérete a ellos.
2. **Incluye Rutinas para el Tiempo Libre**: Planifica tiempo para tus pasatiempos y actividades recreativas, asegurándote de mantener un equilibrio saludable.
3. **Revisa y Ajusta tus Rutinas**: Asegúrate de revisar y ajustar tus rutinas según sea necesario para adaptarte a cambios en tus responsabilidades o prioridades.

Ventajas de Establecer Rutinas

- **Automatización de Tareas**: Las rutinas ayudan a que las tareas se vuelvan automáticas, reduciendo el esfuerzo mental necesario para planificar.

- **Consistencia en el Rendimiento**: Las rutinas proporcionan una estructura que facilita el seguimiento constante de tus tareas.

4. Evitar Distracciones

Las distracciones pueden consumir mucho tiempo y reducir tu productividad. Aquí te mostramos cómo minimizarlas.

Cómo Minimizar Distracciones

1. **Crea un Espacio de Estudio Dedicado**: Designa un lugar específico para estudiar que esté libre de distracciones.
2. **Utiliza Aplicaciones para Bloquear Distracciones**: Emplea aplicaciones que bloqueen sitios web y redes sociales durante tus sesiones de estudio.
3. **Establece Horarios para las Redes Sociales y el Tiempo Libre**: Dedica tiempos específicos para revisar redes sociales y otras distracciones, en lugar de hacerlo constantemente.

Ventajas de Minimizar Distracciones

- **Mayor Productividad**: Reducir las distracciones permite un enfoque más profundo y eficiente en tus tareas.

- **Mejora en la Calidad del Trabajo**: Menos distracciones se traducen en una mejor calidad de trabajo y estudios.

Cómo Manejar el Tiempo Durante los Exámenes

La gestión del tiempo durante los períodos de exámenes es crucial para asegurar un buen rendimiento. Aquí tienes algunos consejos específicos:

1. Planificación Previo al Examen

Cómo Prepararte para los Exámenes

1. **Crea un Plan de Estudio**: Divide el material del examen en partes manejables y asigna tiempo específico para estudiar cada sección.
2. **Realiza Exámenes de Práctica**: Usa exámenes anteriores o preguntas de práctica para familiarizarte con el formato y las expectativas.

2. Estrategias Durante el Examen

Cómo Manejar el Tiempo Durante el Examen

1. **Lee Todas las Preguntas Primero**: Antes de comenzar a responder, lee todas las preguntas para planificar tu tiempo.
2. **Asigna Tiempo a Cada Pregunta**: Divide tu tiempo según la cantidad de preguntas y la complejidad de cada una.
3. **Deja Tiempo para Revisar**: Reserva tiempo al final del examen para revisar tus respuestas y corregir posibles errores.

Ventajas de una Buena Gestión del Tiempo en los Exámenes

- **Mejor Organización**: Un plan claro te ayuda a abordar el examen de manera estructurada y organizada.

- **Mayor Confianza**: Una buena gestión del tiempo reduce el estrés y te permite enfrentar el examen con mayor confianza.

Cómo Mantener el Equilibrio entre el Estudio y la Vida Personal

Mantener un equilibrio entre tus estudios y tu vida personal es fundamental para tu bienestar general. Aquí te damos algunos consejos para lograrlo.

1. Establecer Límites Claros

Cómo Definir Límites

1. **Establece Horarios para el Estudio y el Tiempo Libre**: Asigna tiempos específicos para estudiar y para disfrutar de tus pasatiempos o actividades sociales.
2. **Comunica tus Horarios a los Demás**: Informa a amigos y familiares sobre tus horarios de estudio para evitar interrupciones.

2. Practicar el Autocuidado

Cómo Cuidarte a Ti Mismo

1. **Dedica Tiempo a la Actividad Física**: Incorpora el ejercicio regular en tu rutina para mantenerte saludable y reducir el

estrés.

2. **Haz Pausas Regulares**: Tómate tiempo para relajarte y desconectar del estudio para mantener un equilibrio mental.

3. Buscar Apoyo

Cómo Obtener Apoyo

1. **Habla con Familiares y Amigos**: Comparte tus metas y desafíos con personas cercanas que puedan ofrecer apoyo y comprensión.
2. **Busca Recursos Adicionales**: Utiliza recursos como tutorías, grupos de estudio o asesoramiento académico si necesitas ayuda adicional.

Ventajas de Mantener un Equilibrio Saludable

● **Mejora del Bienestar General**: Un equilibrio adecuado entre estudio y tiempo personal contribuye a una mejor salud mental y física.

● **Mayor Satisfacción**: Disfrutar de tus pasatiempos y actividades personales te proporciona una sensación de satisfacción y felicidad.

Conclusión

En este capítulo, hemos explorado diversas estrategias para gestionar tu tiempo de manera efectiva, desde la planificación y organización hasta la minimización de distracciones y la gestión del tiempo durante los exámenes. La clave para una gestión del tiempo eficaz es encontrar el equilibrio que funcione mejor para ti, permitiéndote alcanzar tus objetivos académicos mientras mantienes una vida equilibrada y satisfactoria.

En el próximo capítulo, abordaremos cómo utilizar herramientas tecnológicas para mejorar tu concentración y organización en el estudio.

Capítulo 8

Herramientas Tecnológicas para Maximizar tu Concentración y Organización

---

¿Sabías que la tecnología puede ser tu mejor aliada para estudiar de manera más eficiente?

En un mundo donde estamos constantemente rodeados de dispositivos, notificaciones y aplicaciones, puede parecer que la tecnología es una fuente de distracción. Pero aquí está el secreto: cuando se usa de la manera correcta, puede transformar tu forma de estudiar, ayudándote a concentrarte mejor, organizarte de forma más efectiva y gestionar tu tiempo de manera óptima. En este capítulo, vamos a explorar cómo aprovechar las herramientas tecnológicas para maximizar tu concentración y organización, y convertir tu dispositivo en un verdadero asistente de estudio. Prepárate para descubrir cómo puedes usar la tecnología para hacer que estudiar sea más fácil y efectivo.

Cómo la Tecnología Puede Mejorar tu Estudio

Antes de profundizar en las herramientas específicas, es importante entender cómo la tecnología puede beneficiar tu estudio:

1. Organización Eficiente

Las herramientas tecnológicas te permiten mantener tus tareas y notas organizadas de manera eficiente, evitando el caos de papeles y notas dispersas.

2. Mejora de la Productividad

Las aplicaciones y herramientas adecuadas pueden ayudarte a gestionar tu tiempo y aumentar tu productividad, permitiéndote estudiar de manera más eficaz.

3. Reducción de Distracciones

Con las aplicaciones adecuadas, puedes minimizar las distracciones y mantenerte enfocado en tus estudios.

Herramientas para la Organización de Tareas y Tiempo

La organización es clave para una buena gestión del tiempo y el estudio efectivo. Aquí te mostramos algunas herramientas tecnológicas que te ayudarán a mantener todo en orden:

1. Aplicaciones de Gestión de Tareas

Estas aplicaciones te permiten crear listas de tareas, establecer recordatorios y gestionar tu carga de trabajo.

Ejemplos Populares

- **Todoist**: Permite crear tareas, establecer fechas de vencimiento y organizar tareas en proyectos.

- **Microsoft To Do**: Ofrece listas de tareas, recordatorios y integración con otros productos de Microsoft.

Ventajas de Usar Aplicaciones de Gestión de Tareas

- **Organización Centralizada**: Mantiene todas tus tareas en un solo lugar, accesible desde cualquier dispositivo.

- **Recordatorios y Notificaciones**: Te ayuda a no olvidar tareas importantes y a cumplir plazos.

2. Calendarios Digitales

Los calendarios digitales te ayudan a programar tus actividades y visualizar tu agenda.

Ejemplos Populares

- **Google Calendar**: Permite programar eventos, establecer recordatorios y compartir calendarios con otras personas.

- **Apple Calendar**: Ofrece integración con otros dispositivos Apple y permite gestionar eventos y tareas.

Ventajas de Usar Calendarios Digitales

- **Visión Clara de tu Agenda**: Te da una visión completa de tus actividades diarias, semanales y mensuales.

- **Sincronización Multidispositivo**: Accede a tu calendario desde diferentes dispositivos y plataformas.

Herramientas para Mejorar la Concentración

La concentración es fundamental para estudiar eficazmente. Aquí tienes algunas herramientas que pueden ayudarte a mantenerte enfocado:

1. Aplicaciones para Bloquear Distracciones

Estas aplicaciones te ayudan a minimizar distracciones bloqueando sitios web y aplicaciones que te desvían del estudio.

Ejemplos Populares

- **Forest**: Fomenta la concentración plantando un árbol virtual que crece mientras no usas tu teléfono.

- **Cold Turkey**: Permite bloquear sitios web y aplicaciones específicas durante períodos de tiempo determinados.

Ventajas de Usar Aplicaciones para Bloquear Distracciones

- **Menos Tentaciones**: Reduce la tentación de revisar redes sociales y otros sitios que te distraen.

- **Mayor Tiempo de Enfoque**: Facilita sesiones de estudio más largas y productivas.

2. Aplicaciones de Técnica Pomodoro

Estas aplicaciones te ayudan a aplicar la Técnica Pomodoro, que mejora la concentración mediante intervalos de trabajo y descanso.

Ejemplos Populares

- **Pomodone**: Ofrece un temporizador Pomodoro integrado con herramientas de gestión de tareas.

- **Focus Booster**: Permite realizar sesiones Pomodoro y proporciona informes de productividad.

Ventajas de Usar Aplicaciones de Técnica Pomodoro

- **Mejora del Enfoque**: Los intervalos de trabajo y descanso te ayudan a mantenerte concentrado y evitar la fatiga.

- **Seguimiento del Tiempo**: Puedes monitorear cuánto tiempo pasas en cada tarea.

Herramientas para Tomar y Organizar Notas

Las notas organizadas son clave para un buen estudio. Aquí te mostramos algunas herramientas que te ayudarán a tomar y organizar tus notas de manera efectiva:

1. Aplicaciones de Toma de Notas

Estas aplicaciones te permiten tomar, organizar y buscar notas de manera rápida y sencilla.

Ejemplos Populares

- **Evernote**: Ofrece notas, listas y la capacidad de organizar la información en cuadernos y etiquetas.

- **Notion**: Permite crear notas, bases de datos y tableros de organización personalizados.

Ventajas de Usar Aplicaciones de Toma de Notas

- **Organización Eficiente**: Mantiene tus notas organizadas en un formato que puedes buscar y consultar fácilmente.

- **Acceso Multidispositivo**: Accede a tus notas desde cualquier dispositivo con conexión a internet.

2. Herramientas para Crear Mapas Mentales

Los mapas mentales te ayudan a visualizar y organizar la información de manera gráfica.

Ejemplos Populares

- **MindMeister**: Permite crear mapas mentales colaborativos y exportar tus mapas en diferentes formatos.

- **XMind**: Ofrece varias plantillas y tipos de mapas mentales para organizar ideas y conceptos.

Ventajas de Usar Herramientas de Mapas Mentales

- **Visualización de Información**: Facilita la comprensión de conceptos complejos al visualizar las relaciones entre ideas.

- **Organización Creativa**: Permite organizar y estructurar la información de manera creativa.

Cómo Usar Herramientas Tecnológicas de Manera Equilibrada

Aunque la tecnología puede ser una gran ayuda, es importante usarla de manera equilibrada para evitar la sobrecarga y las distracciones.

1. Establecer Límites en el Uso de Tecnología

Cómo Definir Límites

1. **Asignar Tiempo Específico para el Uso de Tecnología**: Dedica tiempos específicos para usar aplicaciones y dispositivos relacionados con el estudio.
2. **Desactivar Notificaciones No Esenciales**: Minimiza las notificaciones que no son relevantes para tu estudio para reducir las distracciones.

2. Combinar Tecnología con Técnicas Tradicionales

Cómo Integrar Ambas Técnicas

1. **Usar Tecnología para Planificar**: Utiliza aplicaciones y herramientas digitales para planificar y organizar tus tareas.
2. **Incorporar Métodos Tradicionales para el Estudio**: Combina el uso de tecnología con técnicas tradicionales como la lectura en papel y la toma de notas manual.

Ventajas de la Integración

- **Flexibilidad y Eficiencia**: Aprovecha los beneficios de la tecnología mientras mantienes técnicas tradicionales que pueden ser igualmente efectivas.

- **Mejor Adaptación a Diferentes Estilos de Aprendizaje**: Ajusta tu enfoque según lo que funcione mejor para ti.

Consejos para Maximizar el Uso de la Tecnología en tu Estudio

1. **Personaliza tus Herramientas**: Ajusta las configuraciones de tus aplicaciones para que se adapten a tus necesidades y preferencias personales.
2. **Mantén Actualizadas tus Aplicaciones**: Asegúrate de usar las versiones más recientes de tus herramientas para acceder a nuevas funciones y mejoras.
3. **Evalúa Regularmente tu Progreso**: Revisa cómo las herramientas tecnológicas están afectando tu estudio y ajusta tu uso según sea necesario.

Conclusión

La tecnología puede ser una aliada poderosa en tu camino hacia una mejor concentración y organización. Desde aplicaciones de gestión de tareas y calendarios digitales hasta herramientas para bloquear distracciones y tomar notas, hay una amplia gama de opciones disponibles para ayudarte a estudiar de manera más eficiente. La clave es encontrar las herramientas que mejor se adapten a tu estilo de estudio y utilizarlas de manera equilibrada para maximizar tus resultados.

En el próximo capítulo, exploraremos técnicas adicionales para mantener una mentalidad positiva y resiliente durante tu trayectoria académica.

¡Nos vemos en el siguiente capítulo!

Capítulo 9

Manteniendo una Mentalidad Positiva y Resiliente en tu Trayectoria Académica

¿Alguna vez has sentido que el estudio es una batalla interminable que parece más una montaña imposible de escalar que un desafío que puedes superar?

Si alguna vez te has sentido agobiado, estancado o desmotivado durante tu vida académica, no estás solo. Todos enfrentamos momentos difíciles, pero mantener una mentalidad positiva y resiliente puede marcar la diferencia entre rendirse y superar esos desafíos. En este capítulo, vamos a explorar cómo puedes cultivar una mentalidad positiva y resiliente para mantenerte motivado, superar obstáculos y seguir avanzando en tu trayectoria académica. Prepárate para descubrir estrategias que te ayudarán a enfrentar los desafíos con una actitud ganadora.

La Importancia de una Mentalidad Positiva y Resiliente

Antes de adentrarnos en las estrategias específicas, es fundamental entender por qué una mentalidad positiva y resiliente es crucial para tu éxito académico:

1. Aumenta tu Motivación

Una actitud positiva te ayuda a mantener la motivación alta, incluso cuando enfrentas dificultades. La motivación es clave para continuar trabajando hacia tus metas.

2. Mejora tu Capacidad para Enfrentar Obstáculos

Ser resiliente significa ser capaz de recuperarse de los contratiempos y seguir adelante. Una mentalidad resiliente te ayuda a enfrentar y superar obstáculos en el camino.

3. Promueve el Bienestar General

Mantener una mentalidad positiva contribuye a una mejor salud mental y emocional, reduciendo el estrés y aumentando tu bienestar general.

Estrategias para Cultivar una Mentalidad Positiva

Aquí te mostramos varias estrategias para desarrollar una actitud positiva que te ayudará a enfrentar tus estudios con optimismo y determinación.

1. Practica la Gratitud

La gratitud puede transformar tu perspectiva y ayudarte a enfocarte en los aspectos positivos de tu vida.

Cómo Practicar la Gratitud

1. **Escribe un Diario de Gratitud**: Dedica unos minutos cada día para escribir sobre las cosas por las que estás agradecido. Puede ser algo grande o pequeño.
2. **Expresa Gratitud a Otros**: Agradece a las personas que te apoyan y te inspiran. A veces, un simple "gracias" puede fortalecer tus relaciones.

Beneficios de Practicar la Gratitud

- **Cambio en la Perspectiva**: Te ayuda a centrarte en lo positivo y a apreciar las cosas buenas en tu vida.

- **Mejora del Estado de Ánimo**: La gratitud puede elevar tu estado de ánimo y reducir los sentimientos de desánimo.

2. Establece Metas Realistas

Tener metas claras y alcanzables te proporciona un sentido de dirección y propósito.

Cómo Establecer Metas Efectivas

1. **Define Metas SMART**: Asegúrate de que tus metas sean Específicas, Medibles, Alcanzables, Relevantes y con un Tiempo definido.
2. **Divide las Metas en Pasos Más Pequeños**: Divide tus metas grandes en objetivos más pequeños y manejables para que sean más alcanzables.

Beneficios de Establecer Metas Realistas

- **Claridad y Enfoque**: Te da una dirección clara y te ayuda a concentrarte en lo que necesitas lograr.

- **Sentimiento de Logro**: Alcanzar metas pequeñas te proporciona una sensación de logro que puede motivarte a seguir adelante.

3. Mantén una Actitud de Aprendizaje

En lugar de ver los fracasos como derrotas, míralos como oportunidades de aprendizaje.

Cómo Fomentar una Actitud de Aprendizaje

1. **Reflexiona sobre los Errores**: Cuando enfrentes un contratiempo, reflexiona sobre lo que puedes aprender de la experiencia.
2. **Busca Retroalimentación**: Pide retroalimentación a tus profesores y compañeros para mejorar tus habilidades y conocimientos.

Beneficios de Mantener una Actitud de Aprendizaje

- **Crecimiento Personal**: Te ayuda a mejorar continuamente y a aprender de tus experiencias.

- **Mayor Resiliencia**: Enfrentar los errores con una mentalidad de aprendizaje te ayuda a recuperarte más rápidamente.

Desarrollando la Resiliencia

La resiliencia es la capacidad de recuperarse de los contratiempos y seguir adelante. Aquí te presentamos algunas estrategias para desarrollar y fortalecer tu resiliencia.

1. Aprende a Manejar el Estrés

El estrés puede afectar tu capacidad para mantenerte enfocado y positivo. Aprender a manejarlo es crucial para desarrollar resiliencia.

Cómo Manejar el Estrés

1. **Practica Técnicas de Relajación**: Técnicas como la respiración profunda, la meditación y el yoga pueden ayudarte a reducir el estrés.
2. **Haz Ejercicio Regularmente**: El ejercicio físico es una excelente manera de liberar tensiones y mejorar tu bienestar general.

Beneficios de Manejar el Estrés

• **Reducción de la Ansiedad**: Manejar el estrés de manera efectiva ayuda a reducir la ansiedad y mejora tu estado de ánimo.

• **Mejora de la Concentración**: Un menor nivel de estrés te permite concentrarte mejor en tus estudios.

2. Construye una Red de Apoyo

Tener una red de apoyo sólida puede hacer una gran diferencia en tu capacidad para superar desafíos.

Cómo Construir una Red de Apoyo

1. **Conéctate con Otros Estudiantes**: Únete a grupos de estudio o actividades extracurriculares para conocer a otros estudiantes.
2. **Busca el Apoyo de Familia y Amigos**: Habla con tus familiares y amigos sobre tus preocupaciones y busca su apoyo y consejo.

Beneficios de una Red de Apoyo

- **Sentimiento de Pertenencia**: Una red de apoyo te proporciona un sentido de pertenencia y conexión con los demás.

- **Asesoramiento y Motivación**: Recibir apoyo y consejo de otros puede ayudarte a enfrentar desafíos y mantenerte motivado.

3. Mantén una Perspectiva Positiva

Una perspectiva positiva te ayuda a ver los desafíos como oportunidades y a mantenerte enfocado en tus objetivos.

Cómo Mantener una Perspectiva Positiva

1. **Practica el Pensamiento Positivo**: Reemplaza los pensamientos negativos con afirmaciones positivas sobre ti mismo y tus habilidades.
2. **Rodeate de Influencias Positivas**: Pasa tiempo con personas que te inspiran y te animan a seguir adelante.

Beneficios de Mantener una Perspectiva Positiva

- **Mayor Resiliencia**: Una perspectiva positiva te ayuda a enfrentar los desafíos con una actitud proactiva.

- **Mejor Estado de Ánimo**: Ver el lado positivo de las cosas contribuye a un estado de ánimo más alegre y optimista.

Cómo Manejar el Fracaso y los Reveses

El fracaso y los reveses son parte inevitable de cualquier trayectoria académica. Aquí te mostramos cómo manejarlos de manera efectiva.

1. Acepta y Aprende del Fracaso

Aceptar el fracaso como parte del proceso es crucial para recuperarte y seguir adelante.

Cómo Aceptar y Aprender del Fracaso

1. **Reflexiona sobre la Experiencia**: Analiza qué salió mal y qué puedes hacer de manera diferente la próxima vez.
2. **Haz un Plan de Acción**: Basado en lo que has aprendido, haz un plan para mejorar y evitar errores similares en el futuro.

Beneficios de Aceptar y Aprender del Fracaso

- **Crecimiento Personal**: Aprender de tus errores te ayuda a crecer y a mejorar continuamente.

- **Mayor Confianza en Ti Mismo**: Superar fracasos fortalece tu confianza en tus habilidades y en tu capacidad para superar desafíos.

2. Establece una Mentalidad de Crecimiento

Una mentalidad de crecimiento te permite ver los desafíos como oportunidades para desarrollar nuevas habilidades.

Cómo Establecer una Mentalidad de Crecimiento

1. **Acepta los Desafíos**: Enfréntalos con una actitud positiva, viéndolos como oportunidades para aprender.
2. **Busca Nuevas Experiencias**: Aprovecha las oportunidades para aprender y desarrollarte fuera de tu zona de confort.

Beneficios de una Mentalidad de Crecimiento

- **Desarrollo Continuo**: Fomenta el desarrollo de nuevas habilidades y el aprendizaje continuo.

- **Adaptación a los Cambios**: Te ayuda a adaptarte mejor a los cambios y a enfrentar nuevos desafíos con confianza.

Manteniendo el Equilibrio y la Salud Mental

El equilibrio entre el estudio y el autocuidado es crucial para mantener una mentalidad positiva y resiliente.

1. Prioriza el Autocuidado

El autocuidado es fundamental para tu bienestar mental y emocional.

Cómo Priorizar el Autocuidado

1. **Dedica Tiempo a Actividades que Disfrutes**: Asegúrate de incluir actividades que te hagan feliz y que te ayuden a relajarte.
2. **Duerme Bien**: El descanso adecuado es esencial para tu salud mental y tu capacidad para concentrarte y estudiar.

Beneficios del Autocuidado

- **Mejora del Bienestar General**: El autocuidado contribuye a una mejor salud mental y emocional.

- **Mayor Energía y Motivación**: Un buen equilibrio entre estudio y descanso te proporciona más energía y motivación.

2. Establece Límites Saludables

Establecer límites claros te ayuda a evitar el agotamiento y a mantener un equilibrio saludable entre el estudio y el tiempo libre.

Cómo Establecer Límites Saludables

1. **Define Horarios de Estudio y Descanso**: Establece horarios específicos para estudiar y para relajarte.
2. **Desconecta de la Tecnología**: Dedica tiempo para desconectar de tus dispositivos y relajarte sin distracciones digitales.

Beneficios de Establecer Límites Saludables

- **Prevención del Agotamiento**: Establecer límites ayuda a evitar el agotamiento y el estrés excesivo.

- **Mejor Equilibrio Vida-Estudio**: Promueve un equilibrio saludable entre el tiempo de estudio y el tiempo libre.

Conclusión

Mantener una mentalidad positiva y resiliente es clave para superar los desafíos académicos y seguir avanzando hacia tus metas. A través de la práctica de la gratitud, el establecimiento de metas realistas, y la adopción de una actitud de aprendizaje, puedes desarrollar una mentalidad que te ayudará a enfrentar los desafíos con optimismo. Además, al fortalecer tu resiliencia, aprender a manejar el estrés, construir una red de apoyo y mantener una perspectiva positiva, estarás mejor preparado para enfrentar los obstáculos y seguir adelante.

Despedida Rebelde

¡Felicidades por llegar hasta aquí, Rebelde!

Primero que nada, quiero agradecerte por acompañarme en este viaje a través de "Cómo mejorar la concentración y la atención durante el estudio". Tu compromiso para mejorar y tu valentía para enfrentar los desafíos son dignos de admiración. Este no es solo un final, sino un nuevo comienzo en tu camino hacia el éxito académico y personal. Como Mr. Haddock, me siento honrado de haber sido tu guía en esta etapa y de haber compartido contigo estrategias que espero te sean útiles.

Un Último Pensamiento: Tu Viaje No Termina Aquí

El estudio y la vida académica pueden ser complicados, pero con las herramientas y la mentalidad adecuada, puedes transformar estos retos en oportunidades para crecer. Desde aprender a mantenerte enfocado hasta cultivar una mentalidad positiva, has adquirido conocimientos valiosos que te ayudarán a navegar por tus estudios con confianza y resiliencia.

Recuerda, este libro es solo una parte de tu viaje. La vida es un camino lleno de aprendizajes continuos y oportunidades para mejorar. No te detengas aquí. Sigue buscando formas de crecer, de aprender y de superar tus límites.

¡Te Invito a Navegar con Nosotros en Rebeldes Conecta2!

En *Rebeldes Conecta2*, nuestro blog está lleno de recursos diseñados especialmente para ti, para ayudarte a enfrentar la etapa de la adolescencia y más allá. Aquí, encontrarás artículos, consejos y estrategias para afrontar los desafíos que encuentras en tu día a día, así como para descubrir nuevas formas de empoderarte.

Explora Más Títulos y Recursos

Si has encontrado útil este libro, te animo a explorar otros títulos en mi sección de autor. Cada uno está diseñado para abordar diferentes aspectos de tu vida académica y personal, ofreciéndote herramientas y perspectivas para que te conviertas en la mejor versión de ti mismo.

Un Agradecimiento Especial

Tu dedicación a mejorar tu concentración, atención y bienestar es admirable. Agradezco profundamente tu interés y el tiempo que has invertido en leer este libro. Tu deseo de superar obstáculos y alcanzar tus metas no solo es inspirador, sino también un testimonio de tu fuerza y determinación.

Sigue en Contacto

Mantente conectado con nosotros a través de *Rebeldes Conecta2*. Estamos aquí para acompañarte en cada paso del camino, ofreciendo apoyo y recursos para que sigas avanzando hacia el éxito. No dudes en regresar a nuestro blog para descubrir más artículos, consejos y contenido que te ayudarán a mantenerte motivado y en el camino correcto.

Conclusión Final

Este es el final de nuestro libro, pero no el final de tu viaje. Con las herramientas y el conocimiento que has adquirido, estás listo para enfrentar cualquier desafío que se te presente. Mantén la mente abierta, el corazón valiente y sigue adelante con determinación. Recuerda que siempre hay un nuevo horizonte por explorar y una nueva meta que alcanzar.

¡Gracias por ser parte de la comunidad *Rebeldes Conecta2*! Espero verte pronto navegando con nosotros y descubriendo más formas de triunfar. Hasta entonces, sigue siendo un Rebelde incansable y nunca dejes de buscar tu mejor versión.

¡Hasta la próxima!

¡Nos vemos en el blog y en nuestras futuras aventuras! ◈

Don't miss out!

Visit the website below and you can sign up to receive emails whenever Mr. Haddock publishes a new book. There's no charge and no obligation.

https://books2read.com/r/B-A-XOBJB-WFIZE

BOOKS 2 READ

Connecting independent readers to independent writers.

Also by Mr. Haddock

Mejorando Tu Habilidad Para Hablar En Público
Descubre TU Valor: Consejos para Fortalecer TU Autoestima
Superando la Depresión: Estrategias para Recuperar el Bienestar
Manejando el Torbellino Emocional: Consejos para AdOleSceNteS
Cómo Mejorar la Concentración y la Atención Durante el Estudio

About the Author

El Sr. Haddock es un autor apasionado y comprometido con el bienestar emocional de los adolescentes. Con una profunda comprensión de los desafíos y cambios que enfrentan los jóvenes durante la adolescencia, su misión es proporcionarles las herramientas y el apoyo necesarios para atravesar esta etapa de la vida de la mejor manera posible. A través de sus libros, Mr. Haddock busca ofrecer orientación, consejos prácticos y reflexiones profundas para ayudar a los adolescentes a comprender sus emociones, manejar el estrés y construir relaciones saludables.

Read more at https://rebeldesconecta2.com/.